Cornelia Zingerling
Noi Dok Malee

Schlemmerreise durch die

# Thailändische Küche

FALKEN

# Inhalt

# Vorwort

Die thailändische Küche ist bis vor wenigen Jahren bei uns weitgehend unbekannt gewesen, chinesisch hingegen wird schon lange in der ganzen Welt gekocht.

Nachdem Fernreisen immer beliebter und erschwinglicher wurden, rückte langsam auch Thailand in den Blickwinkel kochinteressierter Touristen und reiselustiger Hobbyköche.

Die Küche Thailands ist von der geographischen Lage des Landes, seiner geschichtlichen Entwicklung, seiner Kultur und nicht zuletzt von seiner Religion, dem Buddhismus, geprägt. Regionale Unterschiede machen sich kaum bemerkbar, außer daß im Norden Klebreis dem in den übrigen Landesteilen verwendeten Langkornreis vorgezogen wird und die Speisen allgemein etwas milder gewürzt werden. Die im Süden lebenden Thais bevorzugen würzige, scharfe Currys, die manchmal mit Kokosmilch „entschärft" werden.

Thailändisch kochen heißt auch, sich nicht immer strikt an die Rezeptanweisung zu halten! In Thailand werden Rezepte von Generation zu Generation mündlich überliefert und dabei zwangsläufig variiert – nur scharf bleiben die Gerichte (fast) immer. Für unsere nicht so strapazierfähigen Gaumen habe ich die Anzahl der Chilischoten schon beträchtlich reduziert, wer es also scharf mag, kann ruhig mehr verwenden.

Lassen Sie Ihrer Phantasie freien Lauf, kombinieren Sie die Gewürze auch nach eigenem Gutdünken – ganz wie eine thailändische Hausfrau oder wie ein thailändischer Koch im Restaurant.

Nachdem es heutzutage auch kein Problem mehr ist, alle Gewürze und fast alle Gemüsesorten und Früchte zu bekommen, die man in der thailändischen Küche benötigt, ist es recht einfach, original thailändisch zu kochen.

Ihre Familie und Ihre Gäste werden sich über ein paar ganz neue Geschmackserlebnisse freuen können. Ich wünsche Ihnen gutes Gelingen und guten Appetit.

*C. Zingerling*

Cornelia Zingerling

# Thailand und seine Küche

## Kleiner geschichtlicher Überblick

Die Wurzeln des Volkes der heutigen Thais liegen im südlichen China. Ein von den Chinesen Barbaren genanntes Volk lebte bereits im 6. Jahrhundert v. Chr. im Gebiet von Yunnan. Es gründete dort das Reich Nan Chao. Als Kublai Khan und seine Mongolen hier im 13. Jahrhundert einfielen, verstärkte sich eine schon seit langer Zeit andauernde Völkerwanderung nach Süden, bei der sich die Menschen schließlich in den heutigen Gebieten von Birma, Laos, Kambodscha, Vietnam und Thailand niederließen. Sie verstanden sich hauptsächlich auf Reisanbau, Jagd und Viehzucht, übernahmen aber von den ansässigen, kulturell hoch entwickelten Stämmen der Mon, Lawa und Khmer bald die Prinzipien der Staatsverwaltung, der Kriegsführung, die Kultur dieser Volksgruppen und deren Religion. Dadurch vergrößerten die Thai-Anführer langsam ihre Macht und konnten bald in den meisten Provinzen Fürstentümer einrichten. Gegen Ende des 13. Jahrhunderts schließlich wurde durch einen Freundschaftsvertrag dreier Thai-Fürsten die Grundlage für die Entstehung des thailändischen Königreiches gelegt.

## Geographie und Klima

Thailand erstreckt sich auf ungefähr 512.000 Quadratkilometern und hat etwa 55 Millionen Einwohner. Der Umriß des Festlandes erinnert leicht an den eines Elefantenkopfes, dessen „Rüssel" die nach Süden weisende Halbinsel darstellt, die an Malaysia grenzt. Im Norden stößt Thailand an Birma und Laos, im Osten an Laos und Kambodscha, im Westen ebenfalls an Birma. Die südliche Halbinsel wird im Westen vom Indischen Ozean und im Osten vom Golf von Siam (oder Golf von Thailand) begrenzt.
Zentrum Thailands ist die etwa 30.000 Quadratkilometer große Ebene des Chao Phraya Flusses, die „Reisschale" des Landes. Sie wird im Norden und Westen durch Hügel- und Bergland begrenzt. Im Nordosten erstreckt sich das trockene und vegetationsarme Hochplateau des „Korat". Die südliche Halbinsel hingegen bietet eine üppige tropische Vegetation.
Ganz Thailand steht unter dem Einfluß der Monsunwinde. Es gibt drei Jahreszeiten, und zwar eine gemäßigte, trockene Zeit von Oktober bis März, dann eine sehr heiße bis Juni und schließlich die Regenzeit von Juni bis Oktober. Dann treten die Flüsse wegen der ergiebigen Regenfälle oft über die Ufer, was auch sein Gutes hat: sie hinterlassen fruchtbaren Schlamm auf den Äckern, von dem der Reisanbau profitiert.
Doch nicht nur Reis wächst in Thailand in verschwenderischer Fülle. Die endlos langen Strände des Südens sind von Kokospalmen gesäumt, in den tropischen Wäldern gedeihen Orangen, Zitronen und Limonen, Bananen, Mangos, Guaven, Papayas, Litschis und Ananas (teilweise sogar wild) und eine Vielzahl anderer Früchte, die wir meist nur vom Hörensagen kennen wie zum Beispiel Durian, Jackfrucht, Rambutan, Baelfrucht. Auch ortsfremde, „importierte" Obst- und Gemüsesorten wie Äpfel, Birnen, Erdbeeren, Trauben und Kartoffeln sowie Kaffee finden in Thailand fruchtbaren Boden. Wichtig ist auch der Anbau von Mais, Zuckerrohr, Sojabohnen Maniok und Tabak sowie die Anlage von Bambushainen, die äußerst vielseitig zu nutzende Produkte liefern (siehe auch „Früchte und Gemüse" Seite 13).

## Der Reis – das Lebensmittel Nummer 1

Reis ist das wichtigste und älteste Nahrungsmittel Thailands. Das thailändische Wort für essen ist gleichbedeutend mit dem für Reis zu sich nehmen – schon daran erkennt man, welchen Stellenwert der Reis in der Thai-Küche einnimmt. Sehr wahrscheinlich stammt der Reis sogar aus Thailand. Man hatte lange angenommen, China sei seine Heimat, bis man vor einiger Zeit im Nordosten Thailands Reiskörner aus der Zeit um 3500 v. Chr. fand, also 700 Jahre früher datiert als die ältesten chinesischen Funde.

Im Herzen der Hauptstadt Bangkok, gleich neben dem Königspalast, befindet sich ein riesiges Feld, das einmal als Marktplatz diente, heute aber für Sportfeste und religiöse Zeremonien benutzt wird. Jedes Jahr im Frühling wird im Beisein des Königs mit einem von zwei weißen Ochsen gezogenen Pflug ein Stück Acker umgepflügt, als symbolische Bitte um eine gute Reisernte.

Schon zum Frühstück nehmen Thais gerne eine leichte Reissuppe und kleine Häppchen aus Fisch, Fleisch oder Gemüse zu sich.

Tagsüber begnügt man sich mit einem Imbiß. Bei einem thailändischen Mahl, das meist abends eingenommen wird, steht immer weißer Reis in der Mitte der Tafel. Man serviert nicht wie bei uns zuerst die kalte Vorspeise, dann die Suppe, anschließend das Hauptgericht und zuletzt das Dessert, sondern es kommt alles gleichzeitig auf den Tisch. Je nach Anlaß und Geldbeutel können das bis zu neun Speisen sein, und zwar ein gedämpftes Gericht, eine Suppe, ein gebratenes Gericht, ein Curry, ein Salat oder eine Beilage und eine Sauce oder ein Dip. Dazu gibt es noch frisches Obst und bei Festen eine oder zwei Süßspeisen.

## Verschiedene fremde Einflüsse

Die thailändische Küche ist am stärksten durch die chinesische beeinflußt worden. Viele chinesische Gerichte finden sich heute fast unverändert auf thailändischen Speisenkarten. Die chinesischen Köche hielten es schon im 3. Jahrhundert v. Chr. für wichtig, bei einem Essen fünf verschiedene Geschmacksrichtungen anzubieten, und zwar bitter, scharf, süß, salzig und sauer. Diese Sitte haben die Thais übernommen. Das gilt auch für die ebenfalls chinesische Vorliebe, Gerichte mit möglichst unterschiedlicher Beschaffenheit zusammen zu servieren, also zum Beispiel eine knusprige Speise zu einer weichen, ein gebratenes Gericht zu einem gekochten, ein geschmortes zu einem gedämpften, ein kaltes zu einem warmen.

In Thailand ißt man nicht mit Stäbchen, sondern mit Gabel und Löffel. Die Speisen werden in mundgerechte Stücke zerteilt, was auch auf eine chinesische Gepflogenheit zurückgeht, denn schon Konfuzius duldete kein Messer (allerdings auch keine Gabel) bei Tisch, da er dieses als barbarisches Schlachtwerkzeug ansah und darüber hinaus das Messerwetzen bei Tisch als den größten Fauxpas überhaupt ansah. Er riet „ehrenwerten" Männern auch vom Besuch von Schlachthöfen und Küchen ab. Auch heute noch überlassen die buddhistischen Thais aus religiösen Gründen den Moslems und auch den im Lande lebenden Chinesen das Schlachten von Tieren. Nichtsdestoweniger erfreut sich Fleisch großer Beliebtheit.

Das mundgerechte Zerkleinern der Speisen hat aber noch andere Gründe, die ebenfalls auf jahrtausende alte chinesische Traditionen zurückgehen: auf diese Art und Weise kann man Lebensmittel mit verschiedenen Garzeiten miteinander kombinieren und so die Variationsmöglichkeiten erweitern. Durch die Methode des Kleinschneidens lassen sich Reste vielseitiger verwerten, andere Gerichte „aufmöbeln" und Lebensmittel besser ausnutzen. Außerdem kann man viel zeit- und energiesparender kochen.

Neben dem chinesischen ist sicherlich der indische Einfluß auf die thailändische Küche spürbar. Die Vorliebe für scharf gewürzte Speisen und die Technik, zuerst eine Gewürzpaste herzustellen und diese dann in der Pfanne zusammen mit den anderen Zutaten zu braten, haben die Thais mit den Indern gemein. In Indien und Indonesien wird, wie auch in Thailand,

mit Kokosmilch die Schärfe der Speisen gemildert.

Und noch mehr verbindet die thailändische und die indische Küche: das Curry zum Beispiel. Unter einem Curry versteht man in Thailand und auch in Indien kein Gewürz, sondern ein Gericht mit Sauce, egal ob es mit Fisch, Fleisch oder Gemüse zubereitet wird. Es kursieren zwei Versionen über die Herkunft des Wortes, und zwar soll es zum einen von dem Tamilenwort kari stammen, das Sauce bedeutet, zum anderen von der indischen Pfanne kahari abgeleitet sein, einer Art Wok. Die Engländer machten daraus im vorigen Jahrhundert Curry und gaben dem Wort eine ganz andere Bedeutung. Heute versteht man darunter meist ein Standardgewürz bestehend aus bis zu 20 verschiedenen Zutaten. Dieses Pulver sollten Sie bei der Zubereitung asiatischer Gerichte nicht verwenden, sondern es wie die thailändischen und indischen Köche und Köchinnen halten und die Gewürzpaste immer frisch selbst zubereiten.

Ein Curry ist also nichts anderes als eine bestimmte Art der Zubereitung einer Speise. Zuerst röstet man eine Gewürzpaste in der Pfanne an, gibt dann die restlichen Zutaten dazu, gießt Wasser, Brühe oder Kokosmilch an und läßt das Ganze garen. In Thailand sagt man zu einem Curry „gaeng" (sprich gääng) und bezeichnet damit auch gehaltvollere Suppen und Eintöpfe.

Schließlich haben auch Europäer, und zwar die mit Gewürzen handelnden Portugiesen, die Küche Thailands geprägt. Sie brachten zum Beispiel die aus Mexiko stammende Chilischote aber auch die Tomate und die Kartoffel aus Lateinamerika nach Asien. Die beiden letztgenannten Gemüse haben sich in der Thai-Küche jedoch nicht so behaupten können wie die Chilischoten.

## Dekorationen und Verzierungen

Ein thailändisches Mahl bietet viel mehr als nur Gaumenfreude, es sorgt auch dafür, daß das Auge mitißt. Bei einem offiziellen oder festlichen Dinner fällt auf, mit welcher Phantasie und Liebe zum Detail die Thais aus Gemüse und aus Früchten wahre Kunstwerke schnitzen, um ihre Gerichte damit zu dekorieren. Aus Karotten, Gurken oder Radieschen entstehen prachtvolle Blüten und Blattmotive und sogar ganze „Blumensträuße". Aus Gurkenschalen oder Stangensellerie lassen sich Schleifen und Bänder herstellen. Kürbisscheiben verwandeln sich in Fische oder Krebse, Melonen und Ananas werden zu Schiffchen und Körbchen, die man mit Speisen füllen kann. Bananenblätter dienen als Tellerersatz, oder man formt sie zu kleinen Schälchen, in denen verschiedene Speisen im Dampf gegart werden. Ein „normales" Essen wird allerdings nicht so üppig verziert. Für uns Europäer ist es sicher schwer, die nötige Geduld aufzubringen und die Fingerfertigkeit der Thais zu entwickeln, um solche Dekorationen zu zaubern. Es ist aber ebenso wirkungsvoll, die Tafel oder die Servierplatten mit schönen, exotischen Blüten zu verzieren oder flache, mit Wasser gefüllte Schalen auf die Tafel zu stellen, in denen Blüten schwimmen.

## Fische und Meeresfrüchte

Durch seine Lage am Indischen Ozean und am Golf von Siam verfügt Thailand über einen immensen Reichtum an Fischen und Meeresfrüchten. Auch die Flüsse im Landesinneren sind reich an Fischen. Um die Reisfelder zu bewässern, baute man Tausende von Kilometern Wasserkanäle, die ebenso wie die überfluteten Reisfelder von Fischen bevölkert sind. In Bangkok heißen die vielen Wasserstraßen „klongs". Sie dienen sowohl als Verkehrswege als auch als Wohnstätten. Ihnen verdankt Bangkok den Namen „Venedig des Ostens". Auch diese Kanäle sind reich an Fischen.

Der beliebteste und feinste (aber auch teuerste) Seefisch ist der silberne oder weiße Pomfret, auch Pompano und auf deutsch Butterfisch genannt. Er hat festes, weißes, äußerst delikates Fleisch und ist im ganzen indopazifischen Raum sehr beliebt. Bis zu uns wird er sicher nur schwer zu haben sein, deshalb müssen wir auf einen Ersatz zurückgreifen, und da wären Heilbutt, Seeteufel und Seezunge die beste Lösung.

Ansonsten werden in der Thai-Küche Dorsch, Seehecht, Makrele, Barbe, Brasse, Barsch und Thunfisch verarbeitet. Dorsch, Barbe, Barsch und Brasse müssen vor Gebrauch geschuppt werden, dies besorgt auf Wunsch sicher der Fischhändler. Fische werden meist im ganzen zubereitet, was für eine

hiesige Hausfrau vielleicht nicht ganz einfach ist, besonders wenn sie mehr als zwei Personen zu beköstigen hat. Wem also ein ganzer Fisch zu schwierig zuzubereiten ist, kann zur Not Fischfilet nehmen. Bei den Thais sind die großen Hummerkrabben (Garnelen) sehr beliebt, die in Unmengen auf den Märkten der Städte und Dörfer angeboten werden. Ferner findet man dort Shrimps und Taschenkrebse, große Flußkrebse aus dem Brackwasser, Hummer und Langusten, armlange Tintenfische, verschiedene Muscheln und Austern. Begehrt ist ein Produkt aus Tintenfischen. Diese werden längs in hauchdünne Scheiben geschnitten, gesalzen und getrocknet. Man ißt sie wie hierzulande die Kartoffelchips.

# Küchengeräte und Garmethoden

Unentbehrlich für die Herstellung von Gewürzpasten ist ein Mörser. Er sollte aus nicht zu glattem Stein bestehen, da sich darin die Gewürze am besten zerstoßen lassen. Notfalls läßt sich dies aber auch in einer Kaffeemühle oder in einem Mixer bewerkstelligen.

Zum Braten und Schmoren benutzt die thailändische Hausfrau die „khathe", die dem hierzulande schon recht gebräuchlichen Wok entspricht. Natürlich erzielt man in einer Pfanne, vorzugsweise aus Gußeisen, genauso gute Resultate. Wenn ich also in meinen Rezepten die Verwendung einer Pfanne angebe, sollten Sie, falls Sie über einen verfügen, den Wok einsetzen. Zum Dämpfen eignen sich aufeinanderpassende Bambus- oder Metallkörbe bestens. Diese kann man in den Wok oder in eine tiefe Pfanne stellen, die dann mit etwas Wasser gefüllt und verschlossen werden. Dämpfeinsätze gibt es auch für Töpfe (siehe rechts). Der mongolische Feuertopf dient in Thailand weniger zum Zubereiten bei Tisch, wie man es vom chinesischen Fondue her kennt, sondern meist zum Heißhalten von Suppen.

Als Arbeitsfläche dient in vielen thailändischen Haushalten der abgesägte Stumpf eines Tamarindenbaumes.

Die wichtigste Garmethode ist das **Pfannenrühren.** Dabei garen die aus kleingeschnittenen Zutaten bestehenden Speisen in heißem Fett und werden dabei mit einem Löffel oder einem langen Spatel ständig umgerührt. Der ganze Vorgang dauert meist nur wenige Minuten, deshalb muß man darauf achten, daß man vorher alle Zutaten griffbereit arrangiert hat. Beim Pfannenrühren bleibt das Gargut durch die kurze Garzeit saftig.

Beim Pfannenrühren sollte man Knoblauch immer erst zum Schluß in die Pfanne geben, da er sehr schnell verbrennt und dann die Speisen bitter macht.

Die zweitwichtigste Garmethode ist das **Dämpfen.** In den großen Restaurants und Hotelküchen in Thailand stehen riesige Dämpföfen, in denen eine große Anzahl Teller Platz hat. Für uns wäre die Anschaffung eines Dämpftopfs sehr sinnvoll, jedoch kann man auch einen normalen, großen, gut verschließbaren Kochtopf nehmen. Das Dämpfgut wird auf einen Teller oder in eine flache Schüssel gelegt, die man dann in den Topf stellt.

Der Teller soll zu zwei Dritteln im kochenden Wasser stehen, und der Dampf muß an den Seiten zirkulieren können. Eine andere Methode wäre, auf den Boden des Topfes einen Rost zu legen und den Teller mit dem Dämpfgut darauf zu stellen, so daß er nicht mit dem Wasser in Berührung kommt, sondern direkt im Dampf steht. Wenn man größere Fleischstücke dämpft, die eine längere Garzeit haben, muß man darauf achten, daß immer genug kochendes Wasser im Topf ist. Das Dämpfen ist eine besonders schonende Garmethode: Die Speisen bewahren ihr Aroma, und es gehen keine Mineralstoffe und Vitamine durch Ausschwemmen verloren. Außerdem sind gedämpfte Speisen kalorienarm, da man sie ohne jegliches Fett zubereiten kann.

Eine weitere Garmethode ist das **Schmoren.** Zum Schmoren eignet sich eine tiefere Pfanne oder ein spezieller Braten- oder Schmortopf mit Deckel.

Zum **Fritieren** ist natürlich eine Friteuse ideal. Wer keine hat, nimmt eine tiefe Pfanne oder einen Topf. Zum Ausbacken eignet sich Pflanzenöl (zum Beispiel Erdnuß-, Soja- oder Sonnenblumenöl), auf keinen Fall aber Butter oder Margarine (die in der Thai-Küche überhaupt nicht verwendet werden). Das Fett muß auf 180 °C erhitzt werden, was man mit Hilfe eines Holzstäbchens feststellen kann: Man taucht es kurz in das heiße Öl, und wenn dieses aufschäumt, ist die gewünschte Temperatur erreicht. Es ist besser, nicht zuviele Zutaten auf einmal auszubacken, da das Öl sonst zu stark abkühlt und die Speisen nicht richtig garen können.

**Gegrillt** wird in Thailand meist im Freien auf einem Holzkohlengrill. Die Speisen werden vorher oft in einer Mischung aus Öl, Sojasauce und/oder Gewürzen mariniert. Berühmt sind die Satay-Spießchen, die auch in Singapur und in Indonesien (hier heißen sie Saté) weit verbreitet sind. Man steckt magere Fleischstückchen auf Bambusspießchen, grillt sie und ißt sie zusammen mit einer Erdnuß-Kokos-Sauce (ein Rezept für Erdnußsauce finden Sie auf Seite 35).

# Getränke

Thais trinken selten Alkohol zum Essen, lieber Wasser, Tee oder Fruchtsäfte. Bier ist ein guter Begleiter zu den meist scharfen und kräftig gewürzten Speisen, während Wein eigentlich nicht paßt. Wer trotzdem lieber Wein trinken möchte, wählt am besten einen trockenen Weißwein mit wenig Säure.

# Grundnahrungsmittel

## Reis

Reis ist das Grundnahrungsmittel in Thailand. Um eine Schüssel mit dampfendem Reis gruppieren sich bei einem Thai-Mahl die verschiedensten Speisen (siehe dazu auch Seite 7).

Verwenden Sie keinen Parboiled-Reis, sondern ganz normalen weißen Langkorn-(Patna-)Reis, oder noch besser thailändischen Duftreis (auf dem Foto oben; in Asienläden erhältlich) oder indischen Basmati Reis. Für 4 Personen rechnet man etwa 350 g. Zuerst wäscht man den Reis unter fließendem kaltem Wasser und spült ihn so lange, bis das Wasser klar bleibt. Dann läßt man den Reis abtropfen und kocht ihn in gut der eineinhalbfachen Menge Wasser im offenen Topf 5 bis 8 Minuten bei starker Hitze. Dann verschließt man den Topf und läßt den Reis bei mildester Hitze noch 15 bis 20 Minuten ausquellen. Die Reiskörner sollten ganz zart aneinanderhaften.
Nach einer anderen Methode wird der Reis in einem Dämpftopf gedämpft.

## Klebreis

Klebreis wird meist für Süßspeisen verwendet. Er verklebt beim Kochen zu einer breiigen Masse. Im Norden und Nordosten des Landes ist er Hauptnahrungsmittel. Klebreis muß man etwa 2 Stunden lang in kaltem Wasser quellen lassen, bevor man ihn in der eineinhalbfachen Menge Wasser gart. Man läßt ihn für etwa 20 Minuten köcheln.

### Fermentierter Reis

Er wird aus gekochtem Klebreis hergestellt und als Süßigkeit verkauft.

## Reismehl

Feines Mehl aus normalem Langkornreis. Es ist in der thailändischen Küche als Bindemittel und zum Herstellen von Teigen sehr beliebt. Als Ersatz kann man Mais- oder Kartoffelstärke nehmen.

## Tapiokamehl

Wird aus Maniok (Tapioka), einer stärkereichen Knolle, gewonnen. Es ist in der Thai-Küche unverzichtbar und bei uns mittlerweile in Asienläden erhältlich. Es ist ebenfalls durch Mais- oder Kartoffelstärke ersetzbar.

## Reisnudeln

Sie werden aus Reismehl hergestellt und verschieden breit, als
schmale und breite Nudeln, verkauft. Meist verwendet man die
dünnen Reisnudeln von 1 bis 2 mm
Dicke. Man überbrüht sie mit
kochendem Wasser, läßt sie einige
Minuten quellen und anschließend
abtropfen. Dann können sie weiterverarbeitet werden.

## Glasnudeln

Glasnudeln werden aus Mungo-
bohnenmehl hergestellt und müssen auch eingeweicht werden,
bevor man sie weiterverarbeitet.
Sie sind sehr fein und werden
beim Kochen transparent.

## Eiernudeln

Sie werden aus Weizenmehl und
(Enten)Eiern hergestellt und sind
spaghettidünn. Wir können sie
auch unter der Bezeichnung „Mie
Hoen" kaufen. Eiernudeln werden
ganz kurz in Salzwasser gekocht.

---

# Früchte und Gemüse

## Ananas

Ananas wird häufig für süß-saure
Gerichte verwendet. Die frische
Frucht muß zuerst sorgfältig geschält werden, dabei muß man
auch alle braunen „Augen" entfernen. Man schneidet zuerst den
Schopf und das untere Ende der
Ananas ab, stellt sie dann senk-
recht auf ein Brett und schneidet
mit einem scharfen Messer langsam von oben nach unten die
Schale ab. Dann wird die Ananas

geviertelt und der Strunk heraus-
geschnitten. Anschließend kann
man das Fruchtfleisch in Stücke
schneiden.
Wer es eilig hat oder keine frischen
Ananas im Handel findet und Do-
senfrüchte nimmt, sollte unbedingt
nur ungezuckerte Ware wählen.

## Aubergine

In Thailand kennt man eine große
Anzahl verschiedener Auberginen-
arten: von den nur etwa erbsengroßen grünen Makeur über ping-
pongballgroße weiße und gelbe
Früchte bis zu den uns bekannten
großen violetten Auberginen. Die
kleinen Makeur werden ganz ge-
lassen oder halbiert, und zu den
fast fertigen Speisen gegeben.
Man erhält sie in Asienläden oder
auf gut sortierten Märkten.

geschnittenen Blatteilen kleine Körbchen, in denen Speisen, zum Beispiel Klebreispäckchen (Seite 136), gegart werden.

### Bambussprossen
Bambus ist eine äußerst vielseitig verwendbare Pflanze. Bambusrohre dienen in ganz Asien als Baugerüste, aus ihnen werden auch Möbel und Gegenstände des täglichen Bedarfs, wie Küchenutensilien und Verpackungen, hergestellt. Die chinesische Medizin verwendet Bambussprossen wegen ihres hohen Kieselsäuregehaltes für die Herstellung von Medikamenten gegen Nervosität und Geisteskrankheiten. Eßbar sind die jungen Triebe des Bambusstrauches. Bei uns sind die knackigen Sprossen nur in Dosen oder Gläsern erhältlich. Sie sollten im ganzen konserviert sein, da sie dann von besserer Qualität sind als die kleingeschnittenen. Der Geschmack von Bambussprossen ist eher neutral.

### Bittergurke
Eine gurkenähnliche hellgrüne Frucht mit gefurchter, schrumpeliger Haut, die mittlerweile in Spezialitätenläden erhältlich ist. Andere Namen sind „Karella" und „Balsambirne". In Thailand werden auch die Blätter und die zarten Triebe dieser Pflanze gegessen. Sie schmeckt, wie der Name sagt, bitter.

### Chinesischer Rettich
Ein weißer Rettich mit mildem Geschmack, der in ganz Asien so beliebt ist wie bei uns die Karotte. Gibt es auch in getrockneter Form.

### Durian
Diese ursprünglich in Indonesien und auf den Philippinen beheimatete Frucht wird auch in Thailand hochgeschätzt. Sie ist kopfgroß, gelblich-grün und mit weichen, etwa 1 cm langen Stacheln besetzt. Das Innere der Frucht ist weiß und cremig und wird nicht von jedermann geliebt – es riecht oft stechend und wie alter Käse. Deshalb nur für ausgesprochene Liebhaber ein Genuß.

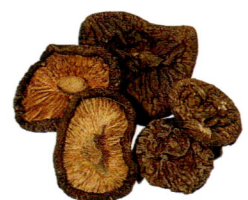

### Chinesische Champignons
Sie werden auch Tongu- oder Shiitakepilze genannt. Sie sind äußerst aromatisch und meist getrocknet erhältlich. Äußerlich gleichen sie großen, dunkelbraunen Champignons. Vor der Verarbeitung weicht man sie 15 Minuten in lauwarmem Wasser ein und entfernt dann die harten Stiele. Ein wenig vom Einweichwasser verleiht Speisen einen noch würzigeren Geschmack.

### Guaven
Sie sind Früchte eines bis 6 m hohen Baumes der immergrünen Myrtengewächse. Sie sind pflaumen- bis birnengroß und schmecken angenehm süß-säuerlich, ein wenig an Birnen, Feigen und Quitten erinnernd. Das Fruchtfleisch ist gelblichgrün und verfärbt sich beim Kochen lachsrosa. Man ißt sie roh oder gekocht. Guaven eignen sich auch sehr gut als Sorbet.

### Bananen
In Thailand wachsen über 30 verschiedene Bananenarten. Man ißt sie roh und verarbeitet sie zu Süßspeisen. Außerdem lassen sich die riesigen Blätter wie Packpapier verwenden, oder man formt aus aus-

## Jackfrucht

Sie ist die Frucht eines Baumes aus der Familie der Maulbeergewächse. Dieser südostasiatische Verwandte des afrikanischen Brotfruchtbaumes ist in den ganzen Tropen verbreitet. Die Früchte ähneln großen Rüben, sind von einer harten mit Nobben besetzten Schale umgeben, die das Fruchtfleisch umhüllt. Dieses ist zartlila, saftig und süß und erinnert vollreif an das von Feigen. Unreife Früchte werden oft zerkleinert und getrocknet. Die Samen schmecken ähnlich wie Kastanien und werden roh gegessen, getrocknet oder gekocht und auch zu Mehl verarbeitet.

## Kaffir-Limette

Eine Limone oder Limette mit grüner runzeliger Schale. Sie enthält zwar wenig Saft, besitzt aber ein unvergleichliches Aroma.

## Kokosnuß

In unseren Breiten können wir leider nur die reifen, dunkelbraunen Kokosnüsse kaufen. In den Ländern, in denen die Kokospalme wächst, genießt man aber auch die grünen, unreifen Früchte, die in ihrem Inneren bis zu 1 Liter Kokosmilch enthalten, und zwar ist dies eine durchsichtige, süßliche Flüssigkeit, mit der man auch Mixgetränke zubereitet. In Thailand werden diese Kokosnüsse auf Straßenständen und Märkten angeboten, sie liegen oft eisgekühlt in einer Vitrine, man steckt einen Strohhalm hinein und fertig ist eine köstliche Erfrischung.

Für Süßspeisen verwendet man ebenfalls meist die grünen Früchte, deren weißes Fleisch weich und aromatisch ist. Wir müssen auf die reife Nuß zurückgreifen, die fast keine Flüssigkeit mehr enthält, dafür aber festes, weißes, wohlschmeckendes Fleisch. Um sie zu öffnen, bohrt man eines der drei dunklen „Augen" an und läßt das Kokoswasser herauslaufen. (Man kann es entweder gleich so trinken oder auch mit Eiswürfeln und weißem Rum mixen). Nun klopft man mit der Rückseite eines großen Messers die Schale ringsum kräftig an, bis sie sich spaltet und man das Innere herauslösen kann. Will man das Kokosfleisch reiben, so muß man noch die innere braune Haut abschälen, die man sonst mitessen kann. Um Kokosmilch herzustellen, püriert man das Kokosfleisch am besten im Mixer oder Universalzerkleinerer. Man kann auch getrocknete Kokosflocken nehmen, sie entfalten aber ein vergleichsweise schwaches Aroma. Die Kokosraspel oder das -püree mit kochendem Wasser oder kochender Milch übergießen (ca. ½ l auf 250 g frische Kokosnuß oder 200 g getrocknete Flocken). Diese Mischung läßt man 10 Minuten stehen und seiht sie dann durch ein mit einem Mulltuch ausgelegtes Sieb. Das Ganze drückt man mit Hilfe des Tuchs kräftig aus. Man könnte diese Kokosflocken noch ein zweites Mal übergießen und auspressen, das Ergebnis ist aber eher eine dünne Brühe. Wenn man die erste Pressung kurze Zeit stehen läßt, so setzt sich an der Oberfläche die konzentrierte, sogenannte Kokoscreme ab. Kokosmilch sollte man in größeren Mengen zubereiten, wenn frische Kokosnüsse angeboten werden, denn sie läßt sich gut einfrieren. Zum Kochen verrührt man am besten die Kokoscreme mit der darunter befindlichen Milch und mißt davon die in den Rezepten angegebenen Mengen ab.

Heute findet man in Asienläden schon fertige Kokoscreme, die auch Kokossahne oder Kokoskonzentrat genannt wird. Oft wird sie unter dem Namen „Santen" verkauft. Dieses Konzentrat kann man mit Wasser oder Milch zu Kokosmilch verdünnen, oder man gibt einfach 1 oder 2 Löffel davon zu einer Speise, je nach dem wie ausgeprägt das Kokosaroma sein soll.

### Litschis

Litschis sind mirabellengroße
Früchte, deren weißes bis rosa-
farbenes, süßes Fruchtfleisch von
einer braunroten lederartigen
Schale umhüllt ist. Litschis haben
ein starkes, unverwechselbares
Aroma und sind vor allem in China
sehr beliebt. Man kann sie roh
oder als Kompott essen.

### Makeur → Aubergine

### Mangostane

Die etwa 5 cm großen Früchte
bergen unter ihrer dicken, festen
Schale helles Fruchtfleisch mit eßbaren Kernen. Es ist in mehrere
Segmente unterteilt und schmeckt
herrlich mild, zart-säuerlich und er-
frischend. Mangostane werden
fast ausschließlich frisch verzehrt.

### Mu-Err-Pilze → Wolkenohrpilze

### Öl

In Thailand wird meist mit Erdnuß-
oder Sojaöl gekocht, beziehungsweise gebraten. An einige Speisen
gibt man zum Schluß noch ein
paar Tropfen des sehr aromati-
schen Sesamöls. Zum Fritieren
eignet sich auch gut Kokosfett (ge-
härtet), was nicht zu verwechseln
ist mit der gehärteten Kokoscreme
„Santen" (siehe Kokosnuß).

### Pak Soi

Eine in Asien beliebte Kohlart mit
weißem Stiel und großen dunkel-
grünen Blättern. Ersetzen könnte
man ihn durch Mangold oder
Chinakohl.

### Palmherzen

Das auch als Palmito bezeichnete
Mark von Palmen sieht aus wie
dicke glatte Spargelstücke und
wird bei uns nur in Dosen konserviert angeboten.

### Papaya

Papayas wachsen am Stamm pal-
menähnlicher Bäume. Die länglich-
ovalen, birnenförmigen Früchte er-
reichen ein Gewicht von 3–6 kg,
bei uns kommen aber nur kleinere, etwa 500 g schwere in den
Handel. Papayas sind grün und haben hellorangefarbenes Fruchtfleisch mit schwarzen ungenießba-
ren Kernen, die wie beim Kürbis in
der Mitte der Frucht sitzen. Das
Fruchtfleisch ist reich an
Provitamin A und
an Vitamin C.
Reife Früchte
schmecken zu-
sammen mit
etwas Zitronen-
saft und Zucker
am besten, als
Saft oder Püree.
Unreife Früchte lassen
sich wie normales Gemüse
zubereiten.

In den Kernen der Papaya ist Pa-
pain enthalten, ein eiweißspalten-
des Enzym. Die Kerne werden deshalb pulverisiert und als Fleisch-
zartmacher vermarktet.

## Rambutan

Die Rambutan-Frucht ist mit der Litschi verwandt. Es sind kleine Baumfrüchte, die von einer knallroten, mit weichen Borsten versehenen Schale umgeben sind. Das Fruchtfleisch schmeckt ähnlich süß und aromatisch wie das der Litschis.

Bei uns sind Rambutans selten frisch, meist in Dosen erhältlich.

## Schlangenbohnen

Sie sind in ganz Asien sehr beliebt. Schlangenbohnen schmecken wie unsere grünen Bohnen, können aber bis zu 50 cm lang werden. Sie werden in gut sortierten Gemüseläden verkauft, man kann sich aber auch ohne weiteres mit normalen grünen Bohnen behelfen.

## Shiitakepilze → Chinesische Champignons

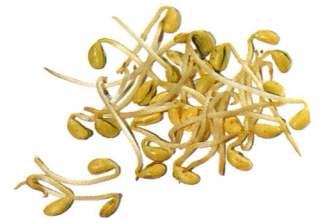

## Sojabohnensprossen oder Sojabohnenkeimlinge

Gemeint sind die Sprossen der Mungobohnen. Bei uns gibt es sie frisch und in Dosen oder Gläsern konserviert. Man kann sie auch aus Mungobohnen selbst keimen lassen. Der Geschmack ist, wie bei den Bambussprossen eher neutral. Sie bleiben auch nach längerer Kochzeit immer knackig. Man sollte sie aber trotzdem erst zum Schluß zu den Gerichten geben, da dann die Vitamine besser erhalten bleiben.

## Tongupilze → Chinesische Champignons

## Wasserkastanien

Es gibt sie bei uns nur in Dosen. Sie sehen tatsächlich wie Kastanien aus, haben aber mit diesen botanisch nichts gemein – die Wasserkastanien sind die Wurzelenden einer Wasserpflanze. Sie haben einen neutralen Geschmack und werden wegen ihrer knackigen Konsistenz geschätzt. Meist sind sie in Gerichten zu finden, die chinesischen Ursprungs sind. Wenn man eine Dose Wasserkastanien geöffnet hat, sollte man die Wasserkastanien binnen einiger Tage verzehren und darauf achten, daß sie immer mit frischem Wasser bedeckt sind.

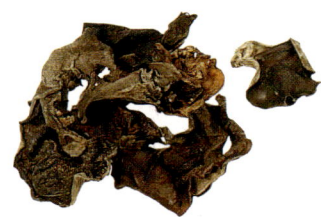

## Wolkenohrpilze

Diese schwarze Baumpilzart gibt es bei uns nur getrocknet. Man weicht die Pilze 1 bis 2 Stunden lang ein und spült sie dann gut unter fließendem Wasser ab, da sie oft Sand enthalten. Geschmacklich sind sie eher neutral.

# Kräuter und Gewürze

### Basilikum → Horapa

### Chilischoten

Ohne Chilischoten kann man fast kein thailändisches Gericht zubereiten. Es gibt eine Vielzahl verschiedener Sorten, von etwa 1 cm großen, die zugleich die schärfsten sind, bis zu über 10 cm langen. Wenn in diesem Buch in den Zutatenlisten der Rezepte von 3 bis 4 Chilischoten die Rede ist, dann sind die mittelgroßen, 3 bis 4 cm langen gemeint. In Thailand kocht man sowohl mit frischen als auch mit getrockneten Chilischoten. Erstere werden vor der Verwendung entkernt und dann in Ringe oder Längsstreifen geschnitten, letztere zerreibt man mitsamt der Kerne.

Aber Achtung! Wenn Sie sie zwischen den Fingern zerreiben, dürfen Sie sich keinesfalls danach die Augen reiben oder in anderer Weise mit Schleimhäuten in Kontakt kommen. Die Schärfe ist so aggressiv, daß diese sofort anschwellen und unangenehm brennen.
Getrocknete Chilis sind bei uns auch unter der italienischen (peperoncino) beziehungsweise der malaischen Bezeichnung (lombok) erhältlich.
Normalerweise enthalten thailändische Speisen so viele Chilischoten, daß sie für unsere Gaumen kaum genießbar wären. Deswegen ist in diesem Buch die Anzahl der Chilis verringert worden. Ganz darauf verzichten sollte man aber nicht.

### Cumin → Kreuzkümmel

### Galgant

Galgant ist auch unter den Bezeichnungen Galangawurzel, Thai-Ingwer, Alpinia und Laos bekannt. Die gelbliche Wurzelknolle mit den rosafarbenen Seitensprossen gehört zu den Ingwergewächsen und ist in Thailand sehr beliebt. Thais schwören auch auf ihre verdauungsfördernde Wirkung und trinken eine Mischung aus geriebener Wurzel und Zitronensaft gegen Magenschmerzen. Galgant wird geschält und anschließend zerkleinert. Es ist ein unverzichtbarer Bestandteil fast aller Gewürzpasteten.

### Horapa

Die drei in Thailand verwendeten Horapa-Sorten (bai horapa, bai mangluk, bai grapao), auch „süßes Basilikum" genannt, gehören botanisch zu einer Familie, der auch unser Basilikum angehört. Horapa ist in der Thai-Küche sehr beliebt. Es wird meist über die fertigen Speisen gestreut oder wie Gemüse als Beilage serviert. Bai mangluk hat etwas pelzigere Blätter als bai horapa. Bai grapao heißt auch „heiliges Basilikum" und hat hellrote Blätter. Es wird nur gekocht oder gebraten gegessen, zum Beispiel zusammen mit Froschschenkeln. Geschmacklich erinnert Horapa an Basilikum, aber auch leicht an Anis.

### Ingwer

Verwendet wird die Wurzelknolle der Ingwerpflanze, die zur selben Familie gehört wie Galgant. Ingwer ist in ganz Asien eine der beliebtesten Würz- und Heilpflanzen. Die Thais schnitzen aus den jungen, rosagelben Wurzelknollen kunstvolle Ornamente, Fische oder Blumen, die dann in rosa Essig konserviert werden. Mit kandiertem Ingwer aromatisiert man Getränke. Für alle Speisen ist der frische Ingwer immer vorzuziehen, da sein Aroma dem getrockneten oder kandierten weit überlegen ist. Achten Sie beim Einkauf darauf, daß die Wurzelstücke prall sind und ihre bräunliche Haut leicht glänzt – dann sind sie frisch. Eingeschlagen in ein feuchtes Tuch läßt sich frischer Ingwer im Kühlschrank für einige Zeit aufbewahren. Man kann ihn auch schälen, fein reiben und einfrieren.
Im Notfall kann man natürlich auf gemahlenen Ingwer zurückgreifen.

## Jasmin

Die herrlich duftenden weißen Blüten werden zu Essenz verarbeitet, die man zum Parfümieren von Süßspeisen verwendet. Vorsicht, es genügen dazu schon 2 Tropfen von dieser stark duftenden Lösung! Man kann Jasminessenz in gut sortierten Asienshops kaufen. Sollte sie nicht erhältlich sein, kann man Rosenwasser (aus der Apotheke) nehmen.

## Kaempferia

Ist die gelblich-braune Wurzel einer Gewürzlilie, die vornehmlich für Fischgerichte verwendet wird. Leider ist dieses Gewürz bei uns (noch) nicht erhältlich.

## Kardamom

Kardamom kennt man bei uns fast nur aus der Weihnachtsbäckerei. Es wird auch in Thailand eher selten, zum Beispiel für einige Curry-Würzmischungen, verwendet. Es gibt ihn ganz, das heißt in Kapseln, die man vor Gebrauch aufbrechen muß, um an die kleinen Samen zu kommen, die dann zerstoßen werden, oder gemahlen. Vereinzelt werden in Thailand auch die Blätter der Pflanze genutzt.

## Koriander

In Thailand werden die Wurzel, die Blätter und die Samen der Korianderpflanze verwendet. Hierzulande ist Korianderwurzel kaum erhältlich, während die Samen vor allem als Brotgewürz wohlbekannt sind.

Die grünen Blättchen sind aus der Thai-Küche nicht wegzudenken, und wegen ihres sehr typischen Geschmackes können sie nicht durch Petersilie ersetzt werden. Ihr stark ausgeprägtes Aroma erinnert manchen Gegner an Wanzen, entlockt aber dem Liebhaber wahre Entzückensrufe. Meist wird Koriandergrün über die fertigen Speisen gestreut. Bei uns kann man es schon auf den Märkten der größeren Städte kaufen, ansonsten ist es denkbar einfach, Koriander auf dem Balkon oder im Garten selbst zu ziehen: einfach die Samen auf feuchte Erde streuen, festdrücken und gut feucht halten. Nach einigen Wochen sind die Pflänzchen etwa 12 cm gewachsen und können abgeerntet werden. Im Winter wachsen sie sogar an einem sonnigen Fenster. Wenn man das frische Koriandergrün nicht sofort verbraucht, kann man es gut einfrieren.

## Kreuzkümmel

Auch türkischer oder asiatischer Kümmel genannt. Im Geschmack hat er keinerlei Ähnlichkeit mit unserem heimischen Kümmel und kann deshalb auch nicht durch ihn ersetzt werden. Kreuzkümmel ist bei uns auch unter den Namen cumin und djintan erhältlich. Im Nahen und Fernen Osten und in ganz Lateinamerika erfreut sich Kreuzkümmel größter Beliebtheit und fehlt auch in keiner thailändischen Gewürzpaste.

## Kurkuma

Diese auch als Gelbwurz bezeichnete, mit dem Ingwer verwandte Wurzel wird in Thailand hauptsächlich zum Färben benutzt. Früher färbte man damit die gelben Gewänder der Mönche. Heute ist Kurkuma ein Bestandteil des Currypulvers und wird zum Färben von Reisgerichten verwendet. Der Geschmack der Wurzel ist ingwerartig und leicht bitter.

## Pandanusblätter

Die Blätter dieser kleinen Zuckerpalmenart dienen zum Aromatisieren von Nachspeisen, Gebäck und Getränken. Sie sind bei uns leider nur selten erhältlich.

## Pfeffer

Weißer und schwarzer Pfeffer wird in der thailändischen Küche wie bei uns verwendet, er ist vor allem ein unverzichtbarer Teil der vielen Gewürz- und Chilipasten.

## Tamarinde

Die Früchte des Tamarindenbaumes sind 15 bis 20 cm lange, flache Schoten, in deren Inneren die Samen liegen, die von einer dunkelbraunen, klebrigen Masse umhüllt sind. Der Tamarindenbaum kommt ursprünglich aus Afrika und ist heute in ganz Lateinamerika und Südostasien verbreitet. Andere Namen sind indische Dattel und Sauerdattel.
Um Tamarindensaft zu erhalten, gibt man 2 bis 3 Eßlöffel des schwarzen Tamarindenkonzentrats in 3 bis 4 Eßlöffel lauwarmes Wasser und läßt alles kurz stehen. Das Konzentrat wird dann mit den Händen so lange geknetet, bis sich die enthaltenen Kerne lösen und ein dunkelbrauner Sud übrigbleibt.

Der Geschmack von Tamarindensaft ist frisch-säuerlich und erinnert
an den von Zitronen. Deswegen
kann man ihn im Notfall durch Zitronensaft ersetzen. Verdünnt und
gezuckert ist Tamarindensaft ein
ausgezeichneter Durstlöscher. Bei
uns ist Tamarindenkonzentrat unter
dem Namen „Asem" erhältlich.

## Zimt
Zimt wird bei der Zubereitung einiger Currypasten und Saucen verwendet. Man nimmt entweder ein
Stück einer Zimtstange oder die
entsprechende Menge gemahlenen Zimt. Meist ist Zimt in Speisen
indischen Ursprungs enthalten.

## Zitronenblätter
Die Blätter des Zitronenbaumes
werden, ähnlich wie bei uns die
Lorbeerblätter, Gerichten gleich zu
Anfang beigegeben und mitge-
kocht. Man kann sie durch Zitro-
nenlorbeer (sparsam verwenden!)
oder durch abgeriebene Schale
unbehandelter Zitronen.

## Zitronengras
Es ist eine der typischsten Würzzu-
taten der thailändischen Küche. Die
graugrünen Blätter dieser schilfarti-
gen Pflanze, die es frisch und getrocknet, in Stücken oder gemah-

len gibt, verströmen einen frischen,
zitronenähnlichen Duft und geben
den Speisen einen unverwechsel-
baren Charakter. Zitronengras gibt
es bei uns auch unter dem Namen
Sereh in Asien- und Gemüseläden.

# *Fertigprodukte*

## Austernsauce
Eine süß-salzig schmeckende, dunkelbraune, dickflüssige Würzsauce
aus Austernextrakt. Man verwendet sie zum Abschmecken einiger
Speisen und zum Nachwürzen bei
Tisch.

## Chilisauce
Eine fertige Sauce aus Chilis,
Zucker und Essig mit pikantem
süß-saurem Geschmack.

## Chinesisches eingelegtes Gemüse
Ist auch unter der Bezeichnung
„Szechuan-Pickles" in Asienläden
erhältlich. Es handelt sich um ein-
gesalzenes und mit Sojasauce
gewürztes Gemüse, zum Beispiel
Gurken, Kohl, Rettich und Ingwer.
Es schmeckt salzig-pikant bis
scharf.

## Eingesalzene Bohnen
Sind braune oder schwarze Bohnen, die durch Einsalzen haltbar
gemacht werden und den Speisen
eine charakteristische Würze verlei-
hen. In Asienläden sind sie in
Dosen erhältlich.

## Fischsauce
Eine sehr wichtige Würzsauce in
der Thaiküche. Sie ist klar und
braun und wird aus Fisch- und
Krabbenkonzentrat hergestellt.
Meist schmeckt man fertige Speisen damit ab oder benutzt die
Sauce als Salzersatz.
Da die Fischsauce nicht ausgeprägt
nach Fisch schmeckt, kann man sie
auch zum Würzen von Fleischge-
richten verwenden. Ein einfacher
Dip zu Reis oder Nudeln besteht
aus Fischsauce, die mit Zitronensaft
und Chilis verrührt wird.

## Garnelenpaste → Krabben-paste

## Getrocknete Krabben
Kleine getrocknete Krabben mit orangeroter Färbung. Sie werden meist zerkleinert verwendet. Man kann sie durch Krabbenpaste ersetzen.

## Krabbenpaste
Wird auch als Garnelenpaste bezeichnet und ist aus gesalzenen, eingekochten und getrockneten Krabben hergestellt. Bei uns ist diese braune Paste auch unter der Bezeichnung „Trassi" bekannt.

## Palmzucker
Der aus dem Saft der Palmyra-Palme gewonnene dunkelbraune, klebrige Zucker wird in Thailand häufiger als Kristallzucker verwendet. Er ist in Asienläden erhältlich, man kann ihn aber auch durch braunen Zucker ersetzen. Palmzucker ist nicht so süß wie normaler Zucker und schmeckt leicht nach Karamel.

## Sambal oelek
Eine scharfe indonesische Paste aus roten Chilischoten, Salz und Öl. Bei uns in Asienläden und in den Spezialabteilungen der Kaufhäuser erhältlich. Sambal oelek ist ein guter Ersatz für frische Chilischoten. Aber Vorsicht, es ist höllisch scharf.

## Sojabohnenquark → Tofu

## Sojasauce
In Thailand gibt es zwei Sorten: helle und dunkle Sojasauce. Die helle Sojasauce ist hellbraun und durchsichtig und wird wie Fischsauce verwendet. Die dunkle Sojasauce ist fast schwarz und undurchsichtig und schmeckt süßlich. Wenn man keine thailändischen Sojasaucen bekommen kann, so sind chinesische und indonesische (ketjap manis) als Ersatz zu empfehlen.

## Tofu
In Thailand gibt es mehrere verschiedene Sorten des aus Sojabohnen hergestellten, quarkähnlichen Tofus, und zwar kennt man ihn dort gesalzen, ungesalzen, fest und weich, gelb, weiß und fermentiert. Der feste Tofu wird für gebratene

Gerichte verwendet, während sich der weiche eher als Suppeneinlage eignet. Der fermentierte Tofu ist fest, weil er in einer Salzlösung eingelegt wurde.

## Wan-Tan-Teigblätter
Sie sind meist quadratisch mit einer Kantenlänge von etwa 10 cm, in Asienläden oder in den Spezialabteilungen der Kaufhäuser tiefgefroren oder vakuumverpackt erhältlich. Auf chinesisch heißen sie „han tan", und das bedeutet wörtlich übersetzt „eine Wolke schlukken". Man reicht Wan-Tans (gefüllte Teigtaschen) als Suppeneinlage oder kleinen Snack. Sie werden unterschiedlich gefüllt, mal mit Fleisch oder Fisch, mal mit Gemüse (siehe Rezept Seite 28).

## nam sup kai

### Hühnerbrühe

Zubereitungszeit: ca. 3½ Stunden

**Sie benötigen für ca. 2 l:**
1 Suppenhuhn (ca. 2½ kg)
2 Zwiebeln
3 Knoblauchzehen
30 g frische Ingwerwurzel
2–3 Karotten
1 Stange Lauch
100 g Sellerie
Salz

**So wird's gemacht:**
**1.** Das Huhn in 6 bis 8 Teile schneiden, diese waschen und in einen großen Topf geben. Die Zwiebeln und die Knoblauchzehen pellen, den Ingwer schälen und das Gemüse putzen. Alles grob würfeln.
**2.** Das Gemüse zusammen mit 3 bis 4 l Wasser und Salz zum Huhn geben und zum Kochen bringen.
**3.** Den Schaum abschöpfen, die Hitze reduzieren und alles etwa 3 Stunden leise sieden lassen; dabei den Topf nur halb mit dem Deckel verschließen.
**4.** Anschließend alles durch ein Sieb gießen und für einige Stunden kalt stellen. Dann das Fett abheben, die Brühe verwenden oder in Portionen von ⅛ oder ¼ l einfrieren.

## nam sup pla

### Fischbrühe

Zubereitungszeit: ca. 2 Stunden

**Sie benötigen für ca. 2 l:**
2–2½ kg Abfälle von Meeresfischen (Köpfe und Gräten)
2 Zwiebeln
4 Knoblauchzehen
2 Karotten
2 Lorbeerblätter
1 unbehandelte Zitrone
Salz
10 weiße Pfefferkörner

**So wird's gemacht:**
**1.** Die Fischabfälle waschen und in einen großen Topf geben. Die Zwiebeln und die Knoblauchzehen pellen, die Karotten putzen, alles grob würfeln und ebenfalls in den Topf geben.
**2.** Mit 3 bis 4 l Wasser auffüllen. Die Zitrone waschen, in Scheiben schneiden und zusammen mit Salz und Pfefferkörnern in den Topf geben. Alles aufkochen und etwa 1½ Stunden leise sieden lassen.
**3.** Dann alles durch ein Sieb gießen, die Brühe erkalten lassen und verwenden oder in Portionen von ⅛ oder ¼ l einfrieren.

## nam prik

### Scharfe Sauce

Zubereitungszeit: ca. 10 Minuten

**Sie benötigen für ca. 10 EL:**
8 Knoblauchzehen
5 getrocknete Chilischoten
2 EL getrocknete Krabben
(ersatzweise 2 EL Krabbenpaste)
1 TL Salz
1 EL Zucker
3–4 EL Fischsauce
3–4 EL Limettensaft
(ersatzweise Zitronensaft)
2–4 frische rote Chilischoten

**So wird's gemacht:**
**1.** Die Knoblauchzehen pellen und durchpressen, die getrockneten Chilischoten zerreiben.
**2.** Den Knoblauch mit getrockneten Chilischoten, getrockneten Krabben, Salz, Zucker, Fischsauce und Limettensaft pürieren.
**3.** Die frischen Chilischoten entkernen und in dünne Ringe schneiden. Zu der Chilisauce geben und alles gut verrühren.
Diese Sauce reicht man zu fast jedem Essen. Im Kühlschrank hält sie sich in einem kleinen Schraubglas einige Wochen.

## nam pla wan

### *Süße Fischsauce*

Zubereitungszeit: ca. 25 Minuten

**Sie benötigen für ca. 200 g:**
6 Schalotten (ersatzweise
2 Zwiebeln)
8 Knoblauchzehen
2 EL Öl
3 getrocknete Chilischoten
80 ml Fischsauce
1–2 EL Palmzucker (ersatzweise
braunen Zucker)
2 EL Tamarindensaft
(aus 1 EL Tamarindenkonzentrat)
2 Frühlingszwiebeln
2–3 EL gehacktes Koriandergrün

**So wird's gemacht:**
**1.** Die Schalotten pellen und fein
hacken, die Knoblauchzehen ebenfalls pellen und durchpressen. Das
Öl in einer kleinen Pfanne erhitzen
und die Schalotten darin hellgelb
werden lassen. Den Knoblauch
und die zerriebenen Chilischoten
hinzufügen und alles unter Rühren
goldbraun werden lassen.
**2.** In einem kleinen Topf die Fischsauce zum Kochen bringen, Zucker
und Tamarindensaft hinzufügen
und so lange rühren, bis sich der
Zucker aufgelöst hat.
**3.** Die Frühlingszwiebeln putzen,
fein hacken und zusammen mit
dem Koriandergrün in die nicht
mehr kochende Sauce geben. Die
Sauce mit der Knoblauch-Chili-
Mischung verrühren und in ein
Schälchen füllen. Zimmerwarm zu
fast jedem Essen servieren.

## lon prik khing

### *Chili-Ingwer-Sauce*

Zubereitungszeit: ca. 15 Minuten

**Sie benötigen für ca. 250 ml:**
200 g Zucker
40 g frischen Ingwer
2 EL Sojasauce
6 EL Rotweinessig
1 TL Salz
1 TL schwarzen Pfeffer
1 TL Sambal Oelek
1 TL Stärkemehl

**So wird's gemacht:**
**1.** Den Zucker in einem Topf hellbraun karamelisieren lassen. Erst
umrühren, wenn der Zucker am
Rand zu schmelzen beginnt. Dann
200 ml heißes Wasser unter Rühren dazugießen. Vorsicht Spritzge-
fahr!
**2.** Den Ingwer schälen und sehr
fein hacken. Mit der Sojasauce,
dem Essig, Salz, Pfeffer und Sambal
Oelek in den Topf geben und alles
offen etwa 10 Minuten kochen
lassen, das heißt so lange, bis der
Zucker sich vollständig aufgelöst
hat.
**3.** Das Stärkemehl mit 2 Eßlöffeln
Wasser glattrühren, in die kochende Sauce geben und einmal
aufkochen lassen. Die Sauce in
Schraubgläser füllen.
Im Kühlschrank hält sich diese
Sauce fast unbegrenzt. Sie paßt zu
Frühlingsrollen (Seite 29 und 30)
und Krabbenbällchen (Seite 32),
außerdem hervorragend zu kaltem
Fleisch wie zum Beispiel Kasseler
oder Geflügel.

## nam prik pla

### *Chili-Fisch-Sauce*

Zubereitungszeit: ca. 20 Minuten

**Sie benötigen für ca. 300 ml:**
5–6 frische rote Chilischoten
(ersatzweise getrocknete)
5 Schalotten (ersatzweise
1–2 Zwiebeln)
3 Knoblauchzehen
200 g Fischfilet (Kabeljau, Rotbarsch)
1 EL Krabbenpaste
1 TL Salz
2 Frühlingszwiebeln
1 Handvoll Koriandergrün

**So wird's gemacht:**
**1.** Die Chilischoten entkernen und
hacken. Die Schalotten pellen und
fein würfeln, die Knoblauchzehen
ebenfalls pellen und durchpressen.
Alles im Mörser fein zerstoßen.
**2.** Das Fischfilet in Würfel schneiden und in wenig Wasser einige
Minuten weich dünsten. Herausnehmen und mit der Chilipaste
vermischen. 100 bis 150 ml Wasser
oder Fischbrühe dazugeben, so
daß eine nicht zu flüssige Sauce
entsteht. Mit Krabbenpaste und
Salz abschmecken.
**3.** Die Frühlingszwiebeln putzen
und fein hacken. Das Koriandergrün ebenfalls hacken und beides
über die Sauce streuen.
Die Sauce zu rohem oder gekochtem Gemüse servieren, zum Beispiel zu Blumenkohl, Okra, Spargel,
Weißkohl, grünen Bohnen und
Möhren.

**lon maprao**

## *Kokos-Schinken-Sauce*

Zubereitungszeit: ca. 20 Minuten

**Sie benötigen für ca. 600 ml:**

400 g frische geriebene Kokosnuß
200 g gekochten Schinken
2 Schalotten (ersatzweise
1 kleine Zwiebel)
3–6 frische rote Chilischoten
125 g gekochten Reis
3 EL Tamarindensaft (aus 2 EL
Tamarindenkonzentrat)
1 EL Palmzucker (ersatzweise
Haushaltszucker)
1–2 TL Salz

**So wird's gemacht:**
**1.** Die geriebene Kokosnuß mit
500 ml kochendem Wasser verrühren und einige Minuten ziehen lassen. Ein Sieb mit einem Mulltuch
auslegen, die Kokosmasse durch-
gießen und kräftig auspressen. Es
soll etwa 1/2 l Flüssigkeit herauskommen (eventuell noch etwas
kochendes Wasser dazugießen).
**2.** Den Schinken in sehr feine Würfel schneiden. Die Schalotten pellen und fein hacken, die Chilischoten entkernen und in dünne Ringe
schneiden.
**3.** Die Kokosmilch mit Schinken,
Reis, Schalotten und Chilischoten in
einen Topf geben und zum Kochen
bringen. Wenn die Sauce kocht, die
Hitze herunterschalten und alles
einige Minuten offen köcheln
lassen.
**4.** Mit Tamarindensaft, Zucker und
Salz abschmecken.
Die Sauce zu rohem oder gekochtem Gemüse servieren, zum Beispiel zu Gurken, Kohl, grünen Bohnen, Möhren und grünem Salat.

**lon tao chiao**

## *Kokos-Soja-Sauce*

Zubereitungszeit: ca. 40 Minuten

**Sie benötigen für ca. 350 ml:**

300 g frische geriebene Kokosnuß
125 g eingesalzene Sojabohnen
(aus der Dose)
4 Schalotten (ersatzweise
1–2 Zwiebeln)
2 EL Öl
3–5 frische rote Chilischoten
30 g frische geschälte Krabben
30 g Schweinehackfleisch
3 EL Zucker
3 EL Tamarindensaft (aus 2 EL
Tamarindenkonzentrat)
eventuell etwas Salz

**So wird's gemacht:**
**1.** Die geriebene Kokosnuß mit
300 ml kochendem Wasser verrühren und einige Minuten ziehen lassen. Ein Sieb mit einem Mulltuch
auslegen, die Kokosmasse durch-
gießen und kräftig auspressen. Es
soll 300 bis 350 ml Flüssigkeit
herauskommen.
**2.** Die Kokosmilch in einen Topf
geben und einige Minuten offen
köcheln lassen.
**3.** Die eingesalzenen Sojabohnen
in einem Sieb abtropfen lassen, die
Flüssigkeit auffangen.
**4.** Die Schalotten pellen, zwei davon fein hacken und zusammen
mit den Sojabohnen im Mörser
zerstoßen. Die Paste und die Boh-
nenflüssigkeit zur Kokosmilch
geben und umrühren.
**5.** Die restlichen zwei Schalotten in
Ringe schneiden, in dem Öl knusprig braten und beiseite stellen.
**6.** Die Chilischoten entkernen und
in dünne Ringe schneiden. Krabben, Hackfleisch und Chilischoten
zur Sauce geben und sie mit Zuk-
ker und Tamarindensaft abschmekken. Das Ganze cremig einkochen
lassen und eventuell mit etwas

Salz nachwürzen. (Das ist wahrscheinlich nicht nötig, da die eingesalzenen Sojabohnen schon
salzig sind.) Die Sauce mit den
Schalottenringen bestreuen und zu
rohem oder gekochtem Gemüse
servieren.

**krung gaeng ped**

## *Rote Gewürzpaste*

Zubereitungszeit: ca. 20 Minuten

**Sie benötigen für ca. 120 g:**

20 kleine getrocknete Chilischoten
6 Schalotten (ersatzweise
2–3 Zwiebeln)
6 Knoblauchzehen
1 EL Korianderpulver
1 EL Kreuzkümmelpulver
1–2 EL gemahlene Galgantwurzel
1–2 TL Salz
1 EL schwarzen Pfeffer
abgeriebene Schale von 1 Kaffir-
Limette (ersatzweise von
1 normalen Limette)
1 TL gemahlenes Zitronengras
1 EL Krabbenpaste
5–6 EL Öl

**So wird's gemacht:**
**1.** Die Chilischoten zerreiben, die
Schalotten pellen und fein würfeln.
Die Knoblauchzehen ebenfalls pellen und durchpressen. Diese und
alle weiteren Zutaten im Mörser
so lange zerreiben, bis eine homogene, glatte Paste entstanden ist.
**2.** In ein kleines Schraubglas füllen
und kühl aufbewahren. Die Paste
kann man zu jedem Gericht
anbieten.

**krung gaeng wan**

## *Grüne Gewürzpaste*

Zubereitungszeit: ca. 20 Minuten

**Sie benötigen für ca. 200 g:**
6–8 frische grüne Chilischoten
2 Schalotten (ersatzweise 1 Zwiebel)
4 Knoblauchzehen
1 Handvoll Koriandergrün
2 EL Krabbenpaste
1 EL gemahlene Galgantwurzel
1 EL gemahlene Kachai-Wurzel
(ersatzweise frische gehackte Minze)
1 EL Korianderpulver
1 EL Kreuzkümmelpulver
1–2 EL schwarzen Pfeffer
½ TL Nelkenpulver
1 EL geriebene Muskatnuß
1 EL gemahlenes Zitronengras
abgeriebene Schale von 1 Limette
(ersatzweise von 1 unbehandelten
Zitrone)
1 TL Salz
6–8 EL Öl

**So wird's gemacht:**
**1.** Die Chilischoten entkernen und
fein hacken, die Schalotten pellen
und fein würfeln. Die Knoblauchzehen pellen und durchpressen.
Das Koriandergrün fein hacken.
**2.** Alle Zutaten im Mörser so lange
zerreiben, bis eine homogene,
glatte Paste entstanden ist. In ein
kleines Schraubglas füllen und kühl
aufbewahren. Die Paste kann man
zu jedem Gericht anbieten.

**nam prik pao**

## *Geröstete Chilipaste*

Zubereitungszeit: ca. 20 Minuten

**Sie benötigen für 6–8 EL:**
8–10 getrocknete Chilischoten
3 Schalotten (ersatzweise
1–2 Zwiebeln)
4 Knoblauchzehen
2 EL Krabbenpaste
1 EL Zucker
1–2 EL Fischsauce
3 EL Öl

**So wird's gemacht:**
**1.** Die Chilischoten zerreiben, die
Schalotten und die Knoblauchzehen pellen und fein hacken (oder
zerdrücken). Diese mit allen weiteren Zutaten außer dem Öl im Mörser zu einer Paste zerstampfen.
**2.** Das Öl in einer Pfanne erhitzen
und die Paste darin 2 bis 3 Minuten bei mittlerer Hitze unter Rühren braten.
**3.** Die Paste in ein kleines Schraubglas füllen und kühl aufbewahren.
Man kann sie zu jedem Gericht
anbieten.

**nam prik kapi**

## *Krabben-Chili-Dip*

Zubereitungszeit: ca. 20 Minuten

**Sie benötigen für 4 Portionen:**
2 EL Krabbenpaste
3 Knoblauchzehen
1 EL getrocknete Krabben
2–3 frische rote Chilischoten
3–4 kleine Makeur (Auberginenart
mit erbsengroßen grünen Früchten;
ersatzweise 2 EL gehackte normale,
gegarte Aubergine)
3 EL Zitronensaft
3 EL Fischsauce
1 EL Palmzucker (ersatzweise
Haushaltszucker)

**So wird's gemacht:**
**1.** Die Krabbenpaste in einer
Pfanne ohne Zugabe von Fett rösten, bis sie duftet. Die Knoblauchzehen pellen und durchpressen,
die getrockneten Krabben hacken.
Die Chilischoten entkernen und in
dünne Ringe schneiden. Die
Makeur fein hacken.
**2.** Diese Zutaten im Mörser miteinander zerstoßen. Mit Zitronensaft, Fischsauce und Zucker abschmecken.
Den Dip zu rohem oder gekochtem Gemüse und zu gebratenem
oder gegrilltem Fisch reichen.

# Kleine Gerichte

Hier präsentieren sich die verschiedensten Köstlich-
keiten – kalte und warme, gedünstete und knusprig
gebratene, scharfe und milde. Sie wecken die Neugier
auf kommende Gaumenfreuden oder sind eigenständige Gerichte für eine kleine Feier und zum
Aperitif. Außerdem lassen sie sich perfekt als Beilage
zu einem Thai-Mahl kombinieren.

## wan-tan

### *Gefüllte Teigtaschen*

Zubereitungszeit: ca. 1½ Stunden

**Sie benötigen für 20 Stück:**

20 Wan-Tan-Teigblätter (tiefgekühlt oder vakuumverpackt)

1½ EL Mehl

ca. 2 kg Kokosfett zum Fritieren

**Füllungsvariante 1 – für 20 Stück:**

1 kleine Zwiebel, 1 Knoblauchzehe

250 g mageres Schweinehackfleisch

Öl zum Braten

1 Msp. weißen Pfeffer

2 TL Fischsauce

1½ TL Korianderpulver

1 Ei

**Füllungsvariante 2 – für 20 Stück:**

1 kleine Zwiebel

2–3 Knoblauchzehen

150 g Sojabohnensprossen

100 g Lauch, Öl zum Braten

1 EL frischer gehackter Ingwer

2 TL Sojasauce

1 Ei

**So wird's gemacht:**

**1.** Für die Füllung 1 die Zwiebel und den Knoblauch pellen und fein hacken. Zusammen mit dem Hackfleisch im Öl braun braten.

**2.** Mit Pfeffer, Fischsauce und Koriander abschmecken, vom Herd nehmen und das Ei unterrühren.

**3.** Für die Füllung 2 die Zwiebel pellen und fein hacken, die Knoblauchzehen pellen und durchpressen. Die Sprossen in Stückchen, den Lauch in Ringe schneiden.

**4.** Die Zwiebel und den Knoblauch in Öl hellgelb werden lassen. Sojasprossen, Lauch und Ingwer hinzufügen und alles unter Rühren einige Minuten braten. Vom Herd nehmen, mit Sojasauce abschmecken und das Ei darunterrühren.

**5.** Die Teigblätter auf einem feuchten Tuch nebeneinander ausbreiten. Mehl mit 1½ Eßlöffeln Wasser verrühren und die Teigränder damit bestreichen. Je 1 Eßlöffeln Füllung auf eine Hälfte jedes Teigblattes geben, die andere Hälfte darüberklappen die Ränder festdrücken.

**6.** Das Kokosfett in einer Pfanne oder in einer Friteuse auf 180 °C erhitzen und die Teigtaschen darin etwa 2 Minuten hellbraun ausbakken; dabei einmal wenden. Nicht mehr als 4 oder 5 Wan-Tans auf einmal backen!

## saku saimkhu

### *Tapiokabällchen mit Fleischfüllung*

Quellzeit: ca. 1 Stunde
Zubereitungszeit: ca. 50 Minuten

**Sie benötigen für ca. 20 Stück:**

200 g Tapiokaflocken (siehe dazu auch den Tip)

1 kleine Zwiebel

8 Knoblauchzehen

40 g ungesalzene Erdnüsse

Öl zum Braten

200 g Schweinehackfleisch

Salz, schwarzen Pfeffer

1 TL Korianderpulver

4 frische rote Chilischoten

**So wird's gemacht:**

**1.** Die Tapiokaflocken mit etwa 75 ml heißem Wasser verrühren und 1 Stunde quellen lassen.

**2.** Die Zwiebel pellen und fein hacken, die Knoblauchzehen ebenfalls pellen und vier Zehen durchpressen. Die Erdnüsse in einer Kaffeemühle grob mahlen.

**3.** Etwas Öl in einer Pfanne erhitzen und die Zwiebel darin hellbraun braten. Das Hackfleisch, die Erdnüsse, den zerdrückten Knoblauch und die Gewürze hinzufügen und alles unter Rühren knusprig braun braten. Beiseite stellen.

**4.** Von dem Tapiokateig mit einem kleinen Löffel Stückchen abstechen und jeweils zwischen den angefeuchteten Handflächen zu einem dünnen, etwa handtellergroßen Fladen formen. 1½ Teelöffel der Füllung darauf geben, jeweils den Fladen darum herumlegen und zu einer Kugel rollen; darauf achten, daß die Füllung nicht herausschaut.

**5.** Die Bällchen in einem Dämpftopf, den man mit leicht gefetteter Aluminiumfolie ausgelegt hat, 15 Minuten dämpfen. Nicht zu viele Bällchen auf einmal dämpfen, da sie leicht aneinanderkleben.

**6.** Die Chilischoten entkernen und fein hacken, die restlichen vier Knoblauchzehen durchpressen. Beides in wenig Öl braun braten und über die Tapiokabällchen streuen.

### Tips

● Wer keinen Dämpftopf hat, legt die Bällchen in eine gefettete feuerfeste Form, verschließt diese mit Alufolie und stellt sie in die mit heißem Wasser gefüllte Fettpfanne. Die Bällchen dann in ½ Stunde bei 200 °C im Ofen garen.

● Tapiokaflocken werden aus der Maniokwurzel hergestellt und in Spezialitätenläden angeboten. Falls Sie nirgendwo Tapioka bekommen, können Sie die Bällchen auch aus einem dicken Grießbrei herstellen, der mit Wasser und ohne Zucker zubereitet werden muß.

hae kai

## Frühlingsrollen mit Huhn

Zubereitungszeit: ca. 1½ Stunden

**Sie benötigen für 20 Stück:**

5 Teigblätter für Frühlingsrollen (20 x 20 cm; tiefgekühlt oder vakuumverpackt)

1 Eigelb

1½ kg Kokosfett zum Fritieren

**Für die Füllung:**

1 Zwiebel, 1 Knoblauchzehe

150 g Möhren

200 g Hühnerbrustfilet

150 g frische Sojabohnensprossen

1 EL Öl

1 TL Fischsauce, 1 EL Sojasauce

1 Msp. Pfeffer

**So wird's gemacht:**

**1.** Tiefgekühlte Teigblätter auftauen lassen.

**2.** Inzwischen die Füllung zubereiten. Dafür die Zwiebel und die Knoblauchzehe pellen und fein würfeln.

**3.** Die Möhren putzen und wie das Fleisch fein hacken. Die Sojasprossen zerkleinern.

**4.** Zwiebel und Knoblauch im Öl hellbraun braten. Möhren und Fleisch hinzufügen und einige Minuten mitbraten.

**5.** Die Sojasprossen dazugeben und alles mit Fisch-, Sojasauce und Pfeffer abschmecken.

**6.** Das Kokosfett in einer Friteuse auf 180 °C erhitzen. Jedes Teigblatt in 4 Quadrate schneiden und deren Ränder mit Eigelb bestreichen. Auf jedes Teigquadrat 2 Teelöffel der Füllung verteilen, zwei Seiten einklappen und das Teigblatt einrollen. Die Röllchen in etwa 4 Minuten rundum goldbraun fritieren.

Dazu paßt Chili-Ingwer-Sauce (Seite 23).

**hae koon**

## *Frühlingsrollen mit Hummerkrabben*

Zubereitungszeit: ca. 1 Stunde 45 Minuten

**Sie benötigen für 20 Stück:**
8 getrocknete Tongupilze (auch
Shiitakepilze oder chinesische
Champignons genannt)
10 große Hummerkrabben
mit Schalen
Salz
2 Frühlingszwiebeln
80 g Möhre
50 Bambussprossen (aus der Dose)
100 g Schweinehackfleisch
1 kleines Ei
1 EL Fischsauce, weißen Pfeffer
½ TL Korianderpulver
10 quadratische Frühlingsrollen-
oder Wan-Tan-
Teigblätter (tiefgekühlt oder
vakuumverpackt)
1 Eiweiß
1½ l Erdnußöl oder Fritierfett

**So wird's gemacht:**
**1.** Die Pilze in lauwarmem Wasser
etwa 15 Minuten quellen lassen.
Die Hummerkrabben aus den
Schalen brechen, die Schwanzflossen daranlassen. Die Krabben
längs halbieren und die Därme
(dunkle Fäden an den Rückenseiten) entfernen. Die Krabben leicht
salzen.
**2.** Die Stiele der Pilze abschneiden
und die Pilze grob hacken. Die
Frühlingszwiebeln putzen und in
1 cm lange Stücke schneiden (nur
das Weiße und Hellgrüne verwenden), die Möhre schälen und grob
hacken. Die Bambussprossen
abtropfen lassen und würfeln.
**3.** Das Hackfleisch mit dem Ei, der
Fischsauce, Pfeffer, Salz und Koriander vermengen. Pilze, Bambussprossen, Frühlingszwiebeln und
Möhre darunterkneten.

**4.** Die Teigblätter auf einem feuchten Tuch ausbreiten und diagonal
halbieren. Die Ränder mit Eiweiß
bestreichen. Zunächst jeweils
1 Teelöffel Füllung auf den halbier-
ten Teigblättern verstreichen, dann
je eine halbe Hummerkrabbe darauf legen und die Teigblätter aufrollen. Dabei darauf achten, daß
die Krabbenschwänze heraus-
schauen.
**5.** Das Fett in einer Pfanne auf
180 °C erhitzen und die Frühlingsrollen etwa 4 Minuten darin ausbacken, währenddessen einmal
wenden. Auf Küchenkrepp abtropfen lassen.
Dazu paßt Chili-Ingwer-Sauce
(Seite 23).

**pad makena yao**

## *Ausgebackene Auberginen*

Zubereitungszeit: ca. 1½ Stunden

**Sie benötigen für ca. 10–15 Stück:**

**Für die Füllung:**
200 g gemischtes Hackfleisch
1 Ei
Salz
schwarzen Pfeffer
1 TL Sojasauce
1 TL Fischsauce
1 TL Korianderpulver
1 TL Kreuzkümmelpulver

**Für den Teig:**

| 100 g Mehl |
|---|
| 1 Ei |
| 3 EL Öl |

**Außerdem:**

| 1 kleine Aubergine (250 g) |
|---|
| 1½ l Erdnußöl oder Fritierfett |

**So wird's gemacht:**
**1.** Alle Zutaten für die Füllung miteinander verkneten.
**2.** Für den Teig das Mehl mit dem Ei, etwas Salz, etwa ⅛ l Wasser und dem Öl zu einem glatten Teig verrühren.

**3.** Die Aubergine von Stielenden befreien und längs in 10 bis 15 Scheiben schneiden. Das Öl oder das Fritierfett in einer Pfanne oder in einer Friteuse auf etwa 180 °C erhitzen.
**4.** Auf jede Auberginenscheibe 1 Teelöffel Füllung streichen und nach Belieben aufrollen. Die Auberginenscheiben mit einer Gabel einzeln in den Teig tauchen und sofort in heißem Öl etwa 5 Minuten goldbraun backen. Auf Küchenkrepp abtropfen lassen und mit Chili-Ingwer-Sauce (Seite 23) servieren.

pad mi kung

# Hummerkrabben mit Reisnudeln

Zubereitungszeit: ca. 40 Minuten

**Sie benötigen für 6–8 Portionen:**

| 16 große geschälte Hummerkrabben |
|---|
| Salz |
| weißen Pfeffer |
| 4 Eiweiß |
| 200 g Reisnudeln |
| 2 l Erdnußöl oder Fritierfett |

**So wird's gemacht:**
**1.** Die Därme der Hummerkrabben (dunkle Fäden an den Rückenseiten) vorsichtig entfernen. Jede Krabbe quer in drei Teile schneiden und mit Salz und Pfeffer würzen.
**2.** Die Eiweiße mit einer Gabel leicht verschlagen. Die Reisnudeln zerdrücken und in eine flache Schüssel geben. Das Öl oder das Fritierfett in einer Pfanne oder in einer Friteuse auf 180 °C erhitzen.
**3.** Die Hummerkrabbenstücke mit einer Gabel zuerst in das Eiweiß tauchen, etwas abtropfen lassen, dann in den Reisnudeln wenden. Anschließend im heißen Fett etwa 2 Minuten knusprig braun backen.
**4.** Auf Küchenkrepp abtropfen lassen und mit Chili-Ingwer-Sauce (Seite 23) servieren.

## Tip
Anstelle der großen Hummerkrabben kann man auch die kleineren Shrimps nehmen.

## Gefüllte Eiernetze

Zubereitungszeit: ca. 1 Stunde

**Sie benötigen für 6–8 Portionen:**

| |
|---|
| 1 große Zwiebel |
| 6 Knoblauchzehen |
| Öl zum Braten |
| 450 g Schweinehackfleisch |
| 1 TL Salz |
| 1 TL Zucker |
| ½ TL weißen Pfeffer |
| 3 EL Sojasauce |
| 1 TL Korianderpulver |
| 40 g ungesalzene Erdnüsse |
| 6 Enteneier (ersatzweise große Hühnereier) |
| 4–8 frische rote Chilischoten |
| ½ Handvoll Koriandergrün |

**So wird's gemacht:**

**1.** Die Zwiebel pellen und fein würfeln, die Knoblauchzehen ebenfalls pellen und durchpressen. Die Zwiebel in heißem Öl hellgelb braten, dann das Hackfleisch und den Knoblauch hinzufügen und unter Rühren knusprig braun braten. Dabei mit Salz, Zucker, Pfeffer, Sojasauce und Koriander abschmecken.
**2.** Die Erdnüsse in einer Pfanne ohne Zugabe von Fett hellbraun rösten, mahlen und unter die Fleischmasse rühren.
**3.** Diese Mischung durch den Fleischwolf drehen oder mit einer Gabel sehr fein zerdrücken.
**4.** Die Eier sehr gründlich verquirlen. Die Chilischoten entkernen und längs in Streifen schneiden.
**5.** In einer Pfanne von etwa 20 cm Durchmesser 2 Eßlöffel Öl erhitzen. Einen kleinen Trichter mit möglichst feiner Tülle so in die Hand nehmen, daß man die Öffnung mit Ring- oder Mittelfinger verschließen kann. Etwas von der Eimasse in den Trichter füllen. Nun den Finger ein wenig von der

Trichteröffnung nehmen und das Ei in ganz dünnen Fäden in das Öl laufen lassen. Den Trichter dabei horizontal und vertikal führen, so daß ein feines, dichtes Netz entsteht. Die Oberfläche des Netzes darf nicht ganz fest werden. Die Pfanne vom Herd nehmen.

**6.** Nun zuerst 2 bis 3 Chilistreifen und dann 3 bis 4 Korianderblättchen in die Mitte des Eiernetzes geben und darauf 1 bis 2 Eßlöffel der Fleischfüllung verteilen. Das Netz wie ein Briefkuvert zusammenfalten. Das Eiernetz aus der Pfanne heben, auf eine Platte legen und warm stellen.
**7.** Auf diese Weise 12 bis 15 Netze herstellen.

### Anmerkung

Die Herstellung der Eiernetze erfordert einige Übung und Geduld. Die thailändische Hausfrau nimmt anstelle eines Trichters ein zu einer Tüte zusammengerolltes Bananenblatt. Nach einer anderen Methode wird die leicht zur Faust geballte Hand in die Eimasse getaucht, und mit einer raschen Bewegung werden die Finger über der Pfanne ge-

spreizt. Von den Fingern gleitet die Eimasse in jeweils 4 Fäden in die Pfanne (siehe Foto links). Achtung! Enteneier müssen wegen der Salmonellengefahr immer gut durchgebraten werden.

## Ausgebackene Krabbenbällchen

Zubereitungszeit: ca. ½ Stunde

**Sie benötigen für 4–6 Portionen:**

| |
|---|
| 2 Frühlingszwiebeln |
| 3 Knoblauchzehen |
| 500 g geschälte Krabben (Shrimps) |
| 2 EL Koriandergrün |
| 1 TL Salz |
| 1 TL Pfeffer |
| ½ TL geriebene Muskatnuß |
| 1 großes Ei |
| 3–4 EL Mehl |
| Öl zum Ausbacken |
| etwas Koriandergrün |

**So wird's gemacht:**

**1.** Die Frühlingszwiebeln putzen und grob hacken, die Knoblauchzehen pellen. Beides zusammen mit den Krabben und dem Koriandergrün im Mixer pürieren.
**2.** Die Masse mit Salz, Pfeffer und Muskatnuß würzen und zusammen mit dem Ei und dem Mehl zu einem festen Teig verkneten.
**3.** Öl in einer tiefen Pfanne erhitzen. Aus dem Krabbenteig kleine Bällchen formen und sie in dem heißen Öl in etwa 7 Minuten knusprig und goldbraun ausbacken.
**4.** Auf Küchenkrepp abtropfen lassen und mit Korianderblättchen bestreuen. Dazu scharfe Sauce „Nam prik" (Seite 23) oder Chili-Ingwer-Sauce (Seite 23) servieren.

**hoi maengphu tord**

## *Miesmuschel-pfannkuchen*

Zubereitungszeit: ca. 25 Minuten

**Sie benötigen für 4 Portionen:**

**Für die Pfannkuchen:**

| |
| --- |
| 100 g Mehl (möglichst halb Tapioka-halb Weizenmehl) |
| Salz |
| 300 g ausgelöste gekochte Miesmuscheln (aus dem Glas) |
| 4 Knoblauchzehen |
| 3 EL Öl |
| 4 Eier |
| 300 g Sojabohnensprossen |
| ½ TL weißen Pfeffer |

| |
| --- |
| 2 Frühlingszwiebeln |
| 2 EL Fischsauce |
| ½ Handvoll Koriandergrün |

**Außerdem:**

| |
| --- |
| 3 getrocknete Chilischoten |
| 4 EL Rotweinessig |
| 1 TL Zucker |

**So wird's gemacht:**

**1.** Das Mehl mit ½ Teelöffel Salz und etwa 200 ml Wasser glattrühren. Die Miesmuscheln unter den Teig mischen.

**2.** Die Knoblauchzehen pellen und durchpressen. Das Öl in einer Pfanne erhitzen und den Knoblauch darin kurz anbraten, aber nicht braun werden lassen.

**3.** Den Teig in die Pfanne gießen und darin verteilen. Bei milder Hitze 3 bis 4 Minuten braten.

**4.** Den Teig in vier Teile teilen. Auf jedes Teil ein Ei schlagen und es mit dem an der oberen Seite noch ungebackenen Teig verrühren. Die Sojabohnensprossen auf die vier Portionen verteilen und alles mit Pfeffer bestreuen.

**5.** Wenn die Ränder beginnen braun zu werden, die Teigstücke wenden und von der anderen Seite braten.

**6.** Die Frühlingszwiebeln putzen und in ½ cm dicke Ringe schneiden. Die fertigen Pfannkuchen auf vier Teller verteilen, mit der Fischsauce besprenkeln und mit den Frühlingszwiebeln und Koriander-blättchen bestreuen.

**7.** Die Chilischoten zerreiben und mit Essig, Salz und Zucker verrühren. Zu den Miesmuschelpfann-kuchen servieren.

**panaeng neua**

## *Hackfleischklößchen in Erdnußsauce*

Zubereitungszeit (ohne die für die rote Gewürzpaste): ca. 35 Minuten

**Sie benötigen für 4–6 Portionen:**

**Für die Klößchen:**

| |
|---|
| 500 g gemischtes Hackfleisch |
| ½ TL Salz |
| ½ TL Pfeffer |
| 1 TL Paprikapulver edelsüß |
| 3 EL Sojasauce |
| 1 Ei |
| 3 EL Mehl und Mehl zum Wenden |
| Öl zum Braten |

**Für die Sauce:**

| |
|---|
| 5 Knoblauchzehen |
| 60 g ungesalzene Erdnüsse |
| 2 EL rote Gewürzpaste (siehe Seite 24) |
| 250 ml Kokosmilch (siehe Seite 15) |
| 1 EL Zucker |
| 2 EL Fischsauce |
| einige Horapablätter (ersatzweise frisches Basilikum) |

**So wird's gemacht:**

**1.** Das Fleisch mit Gewürzen, Sojasauce, Ei und 3 Eßlöffeln Mehl verkneten und zu kleinen etwa 2 cm dicken Fleischklößchen (Frikadellen) formen. Sie in Mehl wenden, überschüssiges Mehl abklopfen und die Klößchen in heißem Öl von beiden Seiten braun braten. Anschließend beiseite stellen.

**2.** Für die Sauce die Knoblauchzehen pellen und durchpressen. Die Erdnüsse in einer Pfanne ohne Zugabe von Fett hellbraun rösten und anschließend mahlen.

**3.** 3 Eßlöffel Öl in einer Pfanne erhitzen und den Knoblauch darin anbraten (er darf nicht braun werden, da er sonst bitter schmeckt). Die Gewürzpaste hinzufügen und alles unter ständigem Rühren 1 bis 2 Minuten braten. Mit der Kokosmilch ablöschen, die Erdnüsse hinzufügen und umrühren. Mit Zucker und Fischsauce abschmecken.

**4.** Die Fleischklößchen in die Sauce geben und bei schwacher Hitze 5 Minuten darin erwärmen. Mit Horapa- oder Basilikumblättern garnieren.

**naem sot**

## Gewürztes Hackfleisch

Zubereitungszeit: ca. 1 Stunde
15 Minuten

**Sie benötigen für 4–6 Portionen:**

150 g Schweinehaut (Schwarte)

250 g mageres Schweinehackfleisch

1 EL Öl

Salz

4 Knoblauchzehen

1 Stückchen frischen Ingwer
(ca. 20 g)

1 kleine Zwiebel

2 Frühlingszwiebeln

3–4 EL Zitronensaft

1 Handvoll Koriandergrün

40 g ungesalzene Erdnüsse

3–4 frische rote Chilischoten

einige große grüne Salatblätter

**So wird's gemacht:**

**1.** Die Schweinehaut in sehr dünne kurze Streifen schneiden und in wenig Wasser in etwa ½ Stunde gar dünsten.

**2.** Das Hackfleisch im Öl unter Rühren knusprig braun braten. Die Schweinehaut abtropfen lassen, mit dem Hackfleisch mischen und alles salzen.

**3.** Die Knoblauchzehen pellen und durchpressen, den Ingwer schälen und fein hacken. Die Zwiebel pellen und fein würfeln. Die Frühlingszwiebeln putzen und in ½ cm dicke Scheibchen schneiden (nur das Weiße und Hellgrüne der Zwiebeln verwenden).

**4.** Knoblauch, Ingwer, Zwiebel und Frühlingszwiebeln zusammen mit dem Zitronensaft zur Hackfleischmischung geben.

**5.** Die Erdnüsse in einer Pfanne ohne Fett hellbraun rösten und anschließend grob mahlen (siehe dazu auch den Tip). Die Chilischoten entkernen und in dünne Ringe schneiden.

**6.** Die Fleischmischung abgekühlt auf Salatblättern anrichten und mit den Erdnüssen, Korianderblättchen und den Chiliringen bestreuen.

### Tip
Erdnüsse können Sie in einer Kaffeemühle grob mahlen oder mit einem elektrischen Hacker grob zerkleinern. Man kann sie aber auch in einen Plastikbeutel geben und mit einem Hammer in grobe Stücke zerschlagen.

**kai doon**

## *Gedämpftes Omelett*

Zubereitungszeit: ca. 40 Minuten

**Sie benötigen für 6–8 Portionen:**
8 große Enteneier (ersatzweise große Hühnereier)
1 große Zwiebel
3–6 getrocknete rote Chilischoten
100 g Schweinehackfleisch
½ TL schwarzen Pfeffer
150 ml Kokosmilch (siehe Seite 15)
Salz
etwas Öl für die Form
1 Handvoll Koriandergrün

**So wird's gemacht:**
**1.** Die Eier verquirlen. Die Zwiebel pellen und fein würfeln, die Chilischoten zerreiben. Zwiebel, Chilischoten, Hackfleisch, Pfeffer und Kokosmilch zur Eimasse geben und alles gut miteinander verrühren. Leicht salzen.
**2.** Eine hitzebeständige Form mit etwas Öl auspinseln und die Eiermasse hineinfüllen. Die Form in einen Dämpftopf mit Siebeinsatz stellen und die Eimasse 15 bis 20 Minuten dämpfen (oder im Ofen im Wasserbad zugedeckt bei 250 °C in 15 bis 20 Minuten garen).
**3.** Das Koriandergrün hacken oder Blättchen abzupfen, das Omelett damit bestreuen und in der Form als Beilage zu beliebigen anderen Gerichten servieren.

**pak dong**

## *Eingelegtes Gemüse*

Zubereitungszeit: ca. 1 Stunde

**Sie benötigen für 6–8 Portionen:**

| |
|---|
| 250 g Brokkoli |
| 250 g Blumenkohl |
| ½ Salatgurke |
| 200 g Möhren |
| 200 g Chinakohl |
| 200 g Pak Soi (ersatzweise Mangold oder Chinakohl) |
| 200 g Maiskörner (aus der Dose) |
| 1½ l Flüssigkeit bestehend aus 750 ml Reis- oder Weißweinessig und 750 ml Wasser |
| 3 EL Zucker |
| 1–2 EL Salz |
| 10 Knoblauchzehen |
| 3–4 Zwiebeln |
| 8–10 kleine getrocknete Chilischoten |
| 100 ml Soja- oder Erdnußöl |
| 3 EL Sesamsamen |

**So wird's gemacht:**

**1.** Brokkoli und Blumenkohl putzen, in Röschen teilen und die Stiele in etwa 2 cm dicke Scheiben schneiden. Die halbe Gurke und die Möhren schälen und ebenfalls in 2 cm dicke Scheiben schneiden. Chinakohl und Pak Soi in 2 bis 3 cm breite Streifen schneiden. Die Maiskörner abtropfen lassen.

**2.** Die Essig-Wasser-Mischung mit Zucker und Salz zum Kochen bringen und das Gemüse darin portionsweise knapp gar kochen: zuerst die Möhren und die Stiele von Brokkoli und Blumenkohl, dann Brokkoli- und Blumenkohlröschen, dann die Gurkenscheiben und zuletzt Chinakohl, Pak Soi und die Maiskörner.

**3.** Knoblauchzehen und Zwiebeln pellen, fein würfeln und mit den zerriebenen Chilischoten im Mörser zu einer Paste verarbeiten.

**4.** Das Öl in einem großen Topf erhitzen und die Paste darin unter Rühren etwa 3 Minuten braten. Nun das Gemüse mitsamt der Flüssigkeit hinzufügen und alles 2 Minuten köcheln lassen.

**5.** Das Gemüse mit einem Schaumlöffel herausheben und auf einer Platte verteilen.

**6.** Den Sesam in einer Pfanne ohne Zugabe von Fett goldbraun rösten und über das Gemüse streuen. Warm oder kalt servieren.

### *Tip*

Man kann das Gemüse auch in Gläser füllen und mit der Flüssigkeit bedecken. In Schraubgläsern im Kühlschrank hält es sich etwa 2 Wochen.

**taeng kwa hoa pak kad dong**

## *Gurken-Rettich-Pickles*

Zubereitungszeit: ca. 15 Minuten
Kühlzeit: ca. ½ Stunde

**Sie benötigen für 6–8 Portionen:**

| |
|---|
| 2 Salatgurken (400 g) |
| 1 Rettich (250 g) |
| 3 Schalotten (ersatzweise 1 große Zwiebel) |
| 100 ml Weißweinessig |
| 1–2 TL Zucker |
| ½ TL Chilipulver (Cayennepfeffer) |
| 1 TL Salz |

**So wird's gemacht:**

**1.** Die Gurken schälen, erst quer, dann längs halbieren und jedes Stück in drei bis vier Längsspalten schneiden. Diese in ½ cm dicke Scheibchen schneiden.

**2.** Den Rettich schaben und wie die Gurke schneiden. Die Schalotten pellen, fein würfeln und zusammen mit den Gurken und dem Rettich in eine Schüssel geben.

**3.** Den Essig mit 100 ml Wasser mischen und zusammen mit Zucker, Chilipulver und Salz aufkochen lassen.

**4.** Den Sud etwas abkühlen lassen, über das Gemüse gießen und es für ½ Stunde kühl stellen.
Die Pickles passen unter anderem zu Rindfleisch mit Kokos und Kartoffeln (Seite 64) und Schweinshaxe auf Reis (Seite 69).

**taeng kwa brio wan**

## *Süß-saure Gurken*

Zubereitungszeit: ca. 15 Minuten
Kühlzeit: ca. 1 Stunde

**Sie benötigen für 6–8 Portionen:**

| |
|---|
| 2 Salatgurken |
| 1 rote Zwiebel (ersatzweise 1 normale) |
| 3–4 getrocknete Chilischoten |
| 5 EL Zucker |
| 1 TL Salz |
| 5–7 EL Weißweinessig |

**So wird's gemacht:**

**1.** Die Gurken waschen, quer halbieren und dann längs in möglichst dünne Streifen schneiden. In eine Schüssel legen.

**2.** Die Zwiebel pellen und fein würfeln, die Chilischoten zerreiben und beides über die Gurkenstreifen streuen.

**3.** 150 ml Wasser mit Zucker, Salz und Essig zum Kochen bringen und so lange köcheln lassen, bis sich der Zucker aufgelöst hat. Den Sud noch heiß über die Gurken gießen. Abkühlen lassen und für etwa 1 Stunde in den Kühlschrank stellen. Kalt servieren.

**pad nua ngork**

## *Sojabohnensprossen mit Schweinefleisch*

Zubereitungszeit: ca. 20 Minuten

**Sie benötigen für 4–6 Portionen:**

| |
|---|
| 200 g mageres Schweinefleisch |
| 2 EL Öl |
| 5 Knoblauchzehen |
| 150 g geschälte Shrimps |
| Salz |
| 2 EL Fischsauce |
| 1 EL Sojasauce |
| 1–2 TL Zucker |
| 250 g Sojabohnensprossen |

**So wird's gemacht:**

**1.** Das Schweinefleisch in dünne Streifen schneiden (ca. $1/2$ x 4 cm). In heißem Öl in einer Pfanne oder im Wok von allen Seiten scharf anbraten.

**2.** Die Knoblauchzehen pellen, durchpressen, hinzufügen und kurz mitbraten.

**3.** Die Shrimps dazugeben, umrühren, die Hitze zurückschalten und alles 1 Minute unter Rühren braten. Mit Salz, Fischsauce, Sojasauce und Zucker abschmecken.

**4.** Die Sojabohnensprossen dazugeben und alles zusammen 2 bis 3 Minuten braten.

### *Tip*

Verdoppelt man die Zutaten und reicht dazu Reis und eine Gemüsebeilage, so erhält man ein Hauptgericht für vier Personen.

**yam taeng kwa**

## *Gurken-Möhren-Salat*

Zubereitungszeit: ca. 20 Minuten

**Sie benötigen für 4 Portionen:**

| |
|---|
| 1 Salatgurke (500 g) |
| 200 g Möhren |
| 2 rote Zwiebeln (ersatzweise normale) |
| 1–2 kleine frische rote Chilischoten |
| 8 EL Weißweinessig |
| 2 TL Salz |
| 3–4 TL Zucker |

**So wird's gemacht:**
**1.** Die Gurke schälen, längs halbieren, die Kerne entfernen und die Gurke in dünne Scheiben hobeln. Die Möhren schaben und ebenfalls in dünne Scheiben hobeln.
**2.** Die Zwiebeln pellen und fein hacken, die Chilischoten entkernen und in dünne Ringe schneiden. Essig mit Salz und Zucker verrühren.
**3.** Alle Zutaten gründlich miteinander vermengen.

**bai gup kao**

## *Gebratenes Gemüse*

Zubereitungszeit: ca. 20 Minuten

**Sie benötigen für 4–6 Portionen:**

| |
|---|
| 1 kg gemischtes Gemüse (z.B. Blumenkohl, Chinakohl, Möhren, Bambussprossen, Sojabohnenkeimlinge, chinesischen Rettich, weiße Rübchen, Paprikaschoten, Spinat) |
| 8 Knoblauchzehen |
| 1 Zwiebel |
| 3–4 EL Öl |
| 4 EL Fischsauce |
| ½ TL weißen Pfeffer |

**So wird's gemacht:**
**1.** Das Gemüse putzen und in mundgerechte Stücke schneiden (Blumenkohl in Röschen, Möhren in Scheiben, Bambussprossen und Chinakohl etc. in schmale Streifen).
**2.** Die Koblauchzehen pellen und durchpressen. Die Zwiebel ebenfalls pellen und in schmale Streifen schneiden.
**3.** Das Öl in einer großen Pfanne erhitzen und das Gemüse darin portionsweise anbraten. Zwiebeln und Knoblauch hinzufügen und alles 2 bis 3 Minuten unter Rühren braten.
**4.** Mit Fischsauce und Pfeffer abschmecken und alles zugedeckt in einigen Minuten garen. Das Gemüse darf nicht zu weich gekocht sein.
Gebratenes Gemüse kann man beliebig zusammen mit anderen Gerichten servieren.

**som tam malakor**

## *Papayasalat*

Zubereitungszeit (ohne Zeit zum Abkühlen): ca. 25 Minuten

**Sie benötigen für 4 Portionen:**

800 g unreife noch grüne Papaya

6 Knoblauchzehen

2 getrocknete Chilischoten

100 g getrocknete Krabben (ersatzweise 1 EL Krabbenpaste)

½ TL weißen Pfeffer

3 EL Fischsauce

1 EL Tamarindensaft (aus ½ EL Tamarindenkonzentrat)

1 EL Palmzucker (ersatzweise Haushaltszucker)

2 EL Zitronensaft

2 Zitronen

**So wird's gemacht:**

**1.** Die Papaya halbieren, die Kerne herauskratzen und das Fruchtfleisch aus der Schale lösen. Das Fruchtfleisch in sehr schmale Streifen schneiden und mit einem Kartoffel- oder Kohlstampfer leicht zerstampfen.

**2.** Die Knoblauchzehen pellen und durchpressen, die Chilischoten zerreiben, die Krabben hacken. Alles zusammen mit dem Pfeffer im Mörser zu einer Gewürzpaste zerstoßen.

**3.** Die Fischsauce mit Tamarindensaft, Zucker und Zitronensaft vermischen und aufkochen lassen. Abkühlen lassen und mit der Gewürzpaste verrühren.

**4.** Die Zitronen wie Äpfel schälen, dabei auch die weißen Häute vollständig entfernen (oberes Foto). Jeweils an den Zwischenhäuten einschneiden, die Filets herauslösen (unteres Foto). Kerne entfernen. Die Zitronenfilets in winzige Würfelchen schneiden.

**5.** Alle Zutaten gut miteinander vermengen und kalt servieren.

**yam nua yang**

## *Scharfer Rindfleischsalat*

Zubereitungszeit: ca. 20 Minuten

**Sie benötigen für 4–6 Portionen:**

500 g kaltes, gebratenes Roastbeef am Stück

2 Zwiebeln

8 Knoblauchzehen

5 frische rote Chilischoten

3 EL Fischsauce

3 TL Limettensaft (ersatzweise Zitronensaft)

½ TL Salz

1 TL Zucker

1 kleinen Kopf Eisbergsalat

½ Salatgurke

**So wird's gemacht:**

**1.** Das Fleisch in mundgerechte Streifen schneiden. Die Zwiebeln pellen, halbieren und in dünne Scheiben schneiden. Die Knoblauchzehen pellen und durchpressen, die Chilischoten entkernen und in Ringe schneiden.

**2.** Knoblauch, Chilischoten, Fischsauce, Limettensaft, Salz und Zucker gut miteinander vermengen.

**3.** Den Salat in einzelne Blätter zerlegen, die Gurke schälen und in nicht zu dünne Scheiben schneiden.

**4.** Auf einer Servierplatte die Salatblätter anrichten, das Fleisch und die Gurkenscheiben darauf verteilen und mit der Sauce übergießen. Die Zwiebelscheiben darum herum verteilen.

### *Anmerkung*

Das Originalrezept dieses Salates verlangt 20 rote Chilischoten, was für die meisten Europäer nicht zu verkraften ist. Aber auch die 5 Chilischoten machen das Gericht schon recht scharf. Wem das immer noch zuviel ist, kann die Menge natürlich ganz nach Belieben reduzieren.

kung mangkon li phai

## *Salat von Hummer und Hummerkrabben*

Zubereitungszeit: ca. 25 Minuten

**Sie benötigen für 2–4 Portionen:**

1 frische mittelgroße Ananas
1 lebenden oder tiefgekühlten
Hummer (ca. 800 g)
6 Hummerkrabben mit Schalen
2 Orangen
250 g Brokkoliröschen
Salz

**Für das Dressing:**

2 Eigelb
1 TL scharfen Senf
1 Msp. Salz
1 Msp. weißen Pfeffer
100 ml Öl
1 EL Essig
1 EL Limettensaft (ersatzweise
Zitronensaft)
1 TL Zucker

**So wird's gemacht:**
**1.** Von der Ananas den Schopf abschneiden und die Frucht quer oder sie, wie auf dem Foto, längs halbieren. Beide Hälften aushöhlen, den Strunk entfernen und das Fruchtfleisch fein würfeln.
**2.** Den Hummer (einen gefrorenen auftauen lassen) kopfüber in kochendes Wasser gleiten lassen und etwa 5 Minuten kochen. Etwas abkühlen lassen und dann das Fleisch aus den Scheren und dem Schwanz lösen.
**3.** Die Hummerkrabben 5 Minuten dämpfen oder in sehr wenig Wasser dünsten. Sie dann schälen.
**4.** Die Orangen wie Äpfel schälen und auch die weißen Häute entfernen. Jeweils an den Zwischenhäuten einschneiden und die Filets herauslösen.
**5.** Hummer- und Hummerkrabbenfleisch in mundgerechte Stücke schneiden. Zusammen mit den

Hummer längs zerteilen

Scheren knacken und auslösen

Hummerschwanz auslösen

Ananasstückchen und den Orangenfilets in den ausgehöhlten Ananashäften anrichten.
**6.** Die Brokkoliröschen in kochendem, leicht gesalzenem Wasser in 15 Minuten knapp gar kochen.
**7.** Für die Salatsauce alle Zutaten mischen und mit dem Handmixer cremig aufschlagen.
**8.** Die Ananashälften auf Tellern anrichten, die Brokkoliröschen darum herum legen und die Sauce extra dazu reichen.

### *Tip*
Es sieht besonders hübsch aus, wenn die Sauce in kleinen, ausgehöhlten Kürbissen serviert wird.

# Suppen

Die leichten, frischen Suppen kommen in Thailand
gleichzeitig mit allen anderen Speisen auf den Tisch
und runden das Menü ab.
In diesem Kapitel finden Sie eine bunte Vielfalt:
Suppen mit Gemüse, mit Fleisch, Geflügel, Fisch und
Meeresfrüchten.

**tom neua**

## *Würzige Rindfleischsuppe*

Zubereitungszeit: ca. 2 Stunden

**Sie benötigen für 4–6 Portionen:**

500 g Rindfleisch zum Kochen
1 Stück frische Galgantwurzel
(ca. 2 cm lang; ersatzweise
2 TL gemahlene)
1 Stück frische Ingwerwurzel
(ca. 1 cm lang; ersatzweise
1 TL gemahlene)
2 EL Sojasauce
1–2 TL Salz
1 Lorbeerblatt
2 cm Zimtstange
200 g Stangensellerie
200 g Chinakohl
4 Knoblauchzehen
Öl zum Braten

**So wird's gemacht:**

**1.** Das Fleisch in einen Topf geben
und mit etwa 800 ml Wasser
bedecken. Die Galgant- und die
Ingwerwurzel schälen und zusammen mit Sojasauce, Salz, Lorbeer
und Zimt dazugeben. Zum Kochen
bringen und bei milder Hitze halb
abgedeckt in etwa 1½ Stunden
garen.

**2.** Den Sellerie in kleine Würfel,
den Chinakohl in Streifen schneiden und beides 10 Minuten vor
Ende der Garzeit in den Topf
geben.

**3.** Die Knoblauchzehen pellen,
durchpressen und in heißem Öl
ganz kurz braten (er darf nicht zu
braun werden). Das Fleisch herausnehmen, in Streifen schneiden und
wieder in die Suppe geben. Den
Knoblauch über die heiße Suppe
streuen.

**tom jam hed sot**

## *Suppe mit Champignons und Chilischoten*

Zubereitungszeit: ca. ½ Stunde

**Sie benötigen für 4 Portionen:**

500 g Champignons

½ l Kokosmilch (siehe auch Seite 15)

Salz

1 Stückchen frisches Zitronengras (ca. 30 g)

5 Limettenblätter (ersatzweise
Zitronenblätter)

Saft von 2 Limetten (ersatzweise
Zitronensaft)

2–3 EL Fischsauce

3 kleine frische rote Chilischoten

½ Handvoll Koriandergrün

**So wird's gemacht:**

**1.** Die Champignons putzen, ab-
brausen und große Pilzköpfe
halbieren.

**2.** Die Kokosmilch in einem Topf
erhitzen, leicht salzen.

**3.** Das Zitronengras im Mörser zerstampfen. Champignons, Zitronengras, Limettenblätter, Limettensaft
und Fischsauce in die Kokosmilch
geben und etwa 4 Minuten
kochen, bis die Champignons gar,
aber nicht zu weich sind.

**4.** Die Chilischoten entkernen und
in dünne Ringe schneiden, ebenfalls in die Suppe geben und erhitzen. Zum Schluß das Koriandergrün darüberstreuen.

gaeng kati kai

## Kokossuppe
## mit Hühnerfleisch

Zubereitungszeit: ca. 40 Minuten

**Sie benötigen für 6–8 Portionen:**

| |
|---|
| 1½ l kräftige Hühnerbrühe (siehe Seite 22) |
| 1 Zwiebel |
| 2 Knoblauchzehen |
| 1 Stückchen Zitronengras (ca. 30 g; ersatzweise 2 TL gemahlenes) |
| 1 Stückchen Galgantwurzel (ca. 10 g; ersatzweise 1 TL gemahlene) |
| 150 g Champignons |
| 500 g Hähnchenbrustfilet |
| 4–6 kleine frische rote und grüne Chilischoten |
| 130 g ungesüßte Kokoscreme (Santen; siehe Seite 15) |
| 3 EL Zitronensaft |
| 3 EL Fischsauce |

**So wird's gemacht:**

**1.** Die Hühnerbrühe in einen Topf geben und erhitzen.

**2.** Die Zwiebel pellen und fein hacken, die Knoblauchzehen ebenfalls pellen und durchpressen. Zitronengras und Galgantwurzel im Mörser zerreiben. Diese Zutaten zur Hühnerbrühe geben und alles offen 15 Minuten köcheln lassen.

**3.** Die Suppe durch ein Sieb gießen und wieder zum Kochen bringen.

**4.** Die Champignons putzen, waschen und halbieren. Das Hähnchenfleisch in feine Streifen schneiden, die Chilischoten entkernen und in dünne Ringe schneiden.

**5.** Champignons, Hähnchenfleisch und Kokoscreme in die Hühnerbrühe geben und offen 4 Minuten köcheln lassen.

**6.** Zitronensaft und Fischsauce hinzufügen und die Suppe, wenn nötig, mit etwas Salz würzen. Die Chilischoten extra zur Suppe reichen.

kaeng choed ruam mit

## Hühnersuppe mit Rettich

Zubereitungszeit: ca. 40 Minuten

**Sie benötigen für 4–6 Portionen:**

| |
|---|
| 750 ml Hühnerbrühe (siehe Seite 22) |
| 300 g Möhren |
| 300 g Rettich |
| 200 g Hühnerbrustfilet |
| 200 g Hühnerlebern |
| 100 g Hühnermägen |
| 1 TL weißen Pfeffer |
| 2 EL Sojasauce oder Fischsauce |
| 100 g ausgelöste Shrimps |
| 1 Frühlingszwiebel |
| ½ Handvoll Koriandergrün |

**So wird's gemacht:**

**1.** Die Hühnerbrühe zum Kochen bringen. Die Möhren und den Rettich schaben oder schälen und in ½ cm dicke Scheiben schneiden. In die Brühe geben und zugedeckt etwa 20 Minuten köcheln lassen.

**2.** Hühnerbrust, -leber und -mägen in feine Streifen schneiden und 5 Minuten in der Brühe sieden, aber nicht kochen lassen.

**3.** Mit Pfeffer und Soja- oder Fischsauce würzen. Die Shrimps hinzufügen und 3 bis 4 Minuten ziehen lassen.

**4.** Die Frühlingszwiebel putzen und fein hacken. Zusammen mit dem Koriandergrün über die Suppe streuen.

**tom yam pla kaphong khao**

## *Sauer-würzige Fischsuppe*

Zubereitungszeit: ca. 40 Minuten

**Sie benötigen für 3–4 Portionen:**

1 ausgenommenen geschuppten
See- oder Goldbarsch (ca. 500 g)
600 ml Fischbrühe (siehe Seite 22)
5 Schalotten (ersatzweise
1 große Zwiebel)
1 Stückchen Zitronengras (ca. 30 g;
ersatzweise 1–2 EL gemahlenes
Zitronengras

1 Stückchen Galgantwurzel (ca. 30 g;
ersatzweise 1–2 EL gemahlene)
4–6 frische rote Chilischoten
(ersatzweise 6–8 kleine getrocknete)
abgeriebene Schale von 5 Kaffir-
Limetten (ersatzweise von Limetten
oder unbehandelten Zitronen)
100 g Champignons
2 EL Limettensaft (ersatzweise
Zitronensaft)
2 EL Fischsauce
3–4 EL Koriandergrün

**So wird's gemacht:**

**1.** Den Fisch abspülen und in 4 bis
5 Stücke hacken.
**2.** Die Fischbrühe in einen Topf geben und erhitzen.

**3.** Die Schalotten pellen und fein
würfeln. Zusammen mit dem Zitronengras und der Galgantwurzel im
Mörser zerstampfen. Die Chilischoten entkernen und in dünne Ringe
schneiden. Alles zusammen mit
der Limettenschale in die Brühe
geben und umrühren. Zugedeckt
10 Minuten köcheln lassen.
**4.** Die Champignons putzen, ab-
brausen und halbieren. Die Fischstücke und die Champignons in
die Brühe geben, mit Limettensaft
und Fischsauce abschmecken und
offen etwa 15 Minuten köcheln
lassen.
**5.** Die Suppe mit Korianderblättchen bestreuen.

**pla kabok tom som**

## *Süß-saure Fischsuppe*

Zubereitungszeit: ca. ½ Stunde
Marinierzeit: ca. 1 Stunde

**Sie benötigen für 4 Portionen:**

| |
|---|
| 600 g ausgenommene geschuppte Meerbarben (5–6 Fische) |
| 1 Stückchen frischen Ingwer (ca. 30 g; ersatzweise 1 TL getrockneten) |
| 1 Stückchen Zitronengras (ca. 30 g; ersatzweise 1 EL getrocknetes) |
| 2 EL Krabbenpaste |
| 6 EL Tamarindensaft (aus 3 EL Tamarindenkonzentrat) |
| 1–2 EL Palmzucker (ersatzweise braunen Zucker) |
| 2–3 EL Fischsauce |
| 2 Frühlingszwiebeln |
| 3–6 frische rote Chilischoten |
| 1 Handvoll Koriandergrün |

**So wird's gemacht:**

**1.** Die Meerbarben abspülen. Den Ingwer schälen und fein hacken. Zusammen mit dem Zitronengras im Mörser zerstampfen und die Krabbenpaste hinzufügen. Die Fische mit dieser Paste einreiben und 1 Stunde marinieren.

**2.** 750 ml Wasser in einem Topf zum Kochen bringen, die Fische hineingeben und den Sud mit Tamarindensaft, Zucker und Fischsauce abschmecken. Zugedeckt etwa 10 Minuten leicht köcheln lassen.

**3.** Die Frühlingszwiebeln putzen und in etwa ½ cm dicke Stücke schneiden. Die Chilischoten entkernen und längs in dünne Streifen schneiden.

**4.** Die fertige Suppe mit Frühlingszwiebeln, Chilischoten und Korianderblättchen bestreuen und sehr heiß servieren.

tom pla tusad

# Süß-salzige Fischsuppe

Zubereitungszeit: ca. 1 Stunde

**Sie benötigen für 4 Portionen:**

4 kleine ausgenommene Makrelen
(à ca. 200 g; 10–12 cm lang)
oder Sardinen
4 EL Sojasauce
1 TL Salz
1 EL Palmzucker (ersatzweise
braunen Zucker)
4 Knoblauchzehen
3 EL Öl
1–2 TL weißen Pfeffer
4 EL Tamarindensaft (aus 2 EL
Tamarindenkonzentrat)
½ Handvoll Koriandergrün

**So wird's gemacht:**
**1.** Die Köpfe und Schwänze der Fische abschneiden. Alles unter fließendem Wasser abspülen. Köpfe und Schwänze in einen Topf geben, mit etwa 800 ml Wasser bedecken und zum Kochen bringen. Halb zugedeckt ½ Stunde sanft sieden lassen.
**2.** Die Flüssigkeit durchseihen und die Fischstücke wegwerfen.
**3.** Die Fischbrühe mit der Sojasauce, dem Salz und dem Zucker verrühren.
**4.** Die Knoblauchzehen pellen und fein hacken. In einer kleinen Pfanne 1 Eßlöffel Öl erhitzen und den Knoblauch darin hellgelb werden lassen. Den Pfeffer hinzufügen, umrühren und alles zur Fischbrühe geben.
**5.** Den Tamarindensaft und die Fische in die Brühe geben und sie in etwa 15 Minuten bei milder Hitze garen. Die Suppe mit Korianderblättchen bestreuen.

tom pla

# Frische Makrelensuppe

Zubereitungszeit: ca. 45 Minuten

**Sie benötigen für 4 Portionen:**

2 ausgenommene Makrelen
(ca. 800 g)
5 Schalotten (ersatzweise
1–2 Zwiebeln)
1 Msp. schwarzen Pfeffer
1 EL Krabbenpaste
2 EL gehacktes Koriandergrün
1 Stückchen frischen Ingwer
(ca. 30 g)
3 EL Tamarindensaft (aus 2 EL
Tamarindenkonzentrat)
2 EL Palmzucker (ersatzweise
Haushaltszucker)
3 EL Fischsauce
5 Frühlingszwiebeln

**So wird's gemacht:**
**1.** Die Makrelen gründlich waschen und jeweils in 2 bis 3 Stücke hacken.
**2.** Die Schalotten pellen, fein würfeln und mit Pfeffer, Krabbenpaste und 1 Eßlöffel Koriandergrün verrühren. Diese Paste mit etwa 700 ml Wasser in einem Topf mischen und alles erhitzen.
**3.** Den Ingwer schälen und fein reiben. Den Tamarindensaft, den Zucker und die Fischsauce in den Topf geben. Wenn die Suppe kocht, die Makrelenstücke und den Ingwer hinzufügen und alles im geschlossenen Topf 10 bis 15 Minuten sieden lassen; die Fische dürfen nicht auseinanderfallen.
**4.** Die Frühlingszwiebeln putzen und in 1 cm große Stücke schneiden. In die Suppe geben und kurz warm werden lassen. Mit dem restlichen gehackten Koriandergrün bestreuen.

kaeng song prik sod kab pla

# Fischsuppe mit Pak Soi

Zubereitungszeit: ca. 40 Minuten

**Sie benötigen für 4–6 Portionen:**

**Für die Chilipaste:**
3 getrocknete rote Chilischoten
5 Schalotten (ersatzweise
1–2 Zwiebeln)
5 Knoblauchzehen
1 TL Salz
1 EL Krabbenpaste

**Außerdem:**
knapp 1 l Fischbrühe (siehe Seite 22
oder Fischfond aus dem Glas
verwenden)
500 g Pak Soi (ersatzweise Mangold
oder Chinakohl)
5 kleine reife Tomaten
500 g Fischfilet (Kabeljau, Schellfisch, Rotbarsch)
3 TL Zitronensaft
3 EL Fischsauce

**So wird's gemacht:**
**1.** Für die Chilipaste die Schoten zerreiben, die Schalotten pellen und fein hacken, die Knoblauchzehen ebenfalls pellen und durchpressen. Alles mit Salz und Krabbenpaste gut verrühren oder im Mörser zerstoßen.
**2.** Die Fischbrühe erhitzen. In der Zwischenzeit den Pak Soi kleinschneiden, die Tomaten achteln, das Fischfilet in Würfel schneiden.
**3.** Wenn die Brühe kocht, die Chilipaste und den Pak Soi hineingeben und 10 Minuten leise köcheln lassen. Nun die Tomaten und das Fischfilet hinzufügen, alles mit Zitronensaft und Fischsauce abschmecken und in etwa 10 Minuten garen.

**tom jam kung**

## *Sauer-würzige Hummerkrabbensuppe*

Zubereitungszeit: ca. 25 Minuten

**Sie benötigen für 4 Portionen:**
8 Hummerkrabben mit Schalen
750 ml Hühnerbrühe (siehe Seite 22)
2–3 Stücke frisches Zitronengras
(ersatzweise 1–2 TL gemahlenes)
1–2 Stückchen frische Galgantwurzel
(ersatzweise 1 TL gemahlene)
100 g Champignons
1 frische rote Chilischote
2 EL Fischsauce
2 EL Limettensaft (ersatzweise
Zitronensaft)
5 Zitronenblätter
1–2 TL geröstete Chilipaste
(siehe Seite 25)
eventuell etwas Salz

**So wird's gemacht:**
**1.** Die Hummerkrabben aus den
Schalen lösen, aber die Schwanzflossen daranlassen. Die Därme
entfernen (dunke Fäden an den
Rückenseiten).
**2.** Die Hühnerbrühe zum Kochen
bringen. Das Zitronengras und die
Galgantwurzel hinzufügen.
**3.** Die Champignons putzen und
halbieren, die Chilischote entkernen und in feine Ringe schneiden.
Beides in die Brühe geben.
**4.** Fischsauce, Limettensaft, Zitronenblätter und Chilipaste hinzufügen und alles 2 bis 3 Minuten
köcheln lassen.
**5.** Zum Schluß die Hummerkrabben in die Brühe geben und in
weiteren 3 bis 5 Minuten garen.
Die Suppe eventuell mit Salz nachwürzen, das Zitronengras und die
Zitronenblätter herausnehmen und
die Suppe sehr heiß servieren.

**gaeng chud kaopot aun**

## *Suppe mit Shrimps und Mais*

Zubereitungszeit: ca. 15 Minuten

**Sie benötigen für 4 Portionen:**
4 Schalotten (ersatzweise
1 Zwiebel)
3 Knoblauchzehen
3 EL Öl
800 ml Hühnerbrühe (siehe Seite 22)
300 g geschälte Shrimps (oder
Krebsfleisch)
8 kleine junge Maiskölbchen (aus
dem Glas, in Salzwasser eingelegt;
ersatzweise 1 Dose
Maiskörner)
3 EL Fischsauce
Salz
1 TL weißen Pfeffer
2 Eier
1 Handvoll Koriandergrün

**So wird's gemacht:**
**1.** Die Schalotten pellen und fein
hacken, die Knoblauchzehen ebenfalls pellen und durchpressen. In
dem heißen Öl zuerst die Schalotten hellgelb anbraten, dann den
Knoblauch hinzufügen und unter
Rühren einige Minuten braten.
**2.** Die Hühnerbrühe dazugießen
und alles zum Kochen bringen.
Nun die Shrimps und die Maiskölbchen hinzufügen und die
Suppe mit Fischsauce, Salz und
Pfeffer abschmecken.
**3.** Die Eier gründlich verquirlen
und über eine Gabel in die
kochende Brühe fließen lassen.
Umrühren und die Suppe mit
Korianderblättchen bestreuen.

**tom kung**

## *Saure Krabbensuppe*

Zubereitungszeit: ca. ½ Stunde

**Sie benötigen für 4 Portionen:**
500 g frische Krabben mit Schalen
6 Schalotten (ersatzweise
2 Zwiebeln)
800 ml Fischbrühe (siehe Seite 22
oder Fischfond aus dem Glas
verwenden)
3 EL Tamarindensaft (aus 2 EL
Tamarindenkonzentrat)
2 frische rote Chilischoten
2 EL Fischsauce

**So wird's gemacht:**
**1.** Die Krabben aus den Schalen
lösen und die Därme entfernen
(dunkle Fäden an den Rücksei-
ten). Die Krabben kurz abspülen
und quer halbieren.
**2.** Die Schalotten pellen und fein
würfeln.
**3.** Die Fischbrühe erhitzen, Schalotten und Krabben hinzufügen
und 10 Minuten leise köcheln lassen. Den Tamarindensaft in die
Suppe rühren.
**4.** Die Chilischoten entkernen und
in dünne Ringe schneiden. Zur
Suppe geben und sie mit der
Fischsauce abschmecken.

### *Variation*
Anstelle der Krabben kann man
auch getrockneten Fisch, zum Beispiel Stockfisch (getrockneter
Kabeljau), verwenden. Dieser muß
vor der Verwendung aber gut ge-
wässert werden, damit die Suppe
nicht zu salzig wird (siehe auch
»Reisnudeln mit Fischsauce«
Seite 131).

# Gerichte mit Fleisch

Ob mit Rind-, Schweine- oder Geflügelfleisch
zubereitet, ob gedämpft, gebraten, geschmort,
gekocht oder fritiert – aus allen Fleischsorten lassen
sich zusammen mit den verschiedensten Zutaten
immer wieder neue Gerichte zubereiten. Meist wird
das Fleisch in Streifen oder Stückchen geschnitten, oft
mariniert und dann gegart. Dazu sollte man immer
weißen Reis servieren.

**neua khem phad wan**

## *Süßes getrocknetes Rindfleisch*

Zeit zum Trocknen: 8–10 Stunden
Zubereitungszeit: ca. 1 Stunde

**Sie benötigen für 4 Portionen:**

| |
|---|
| 1,2 kg leicht gepökeltes Rindfleisch (ca. 800 g getrocknet) |
| 1 Zwiebel |
| 1 EL Zucker |
| Öl zum Braten |

**So wird's gemacht:**
**1.** Das Fleisch in möglichst dünne Scheiben schneiden und sie auf dem Ofenrost verteilen.

**2.** Den Rost über ein Gefäß oder über Alufolie in den Ofen schieben (das Fleisch tropft anfangs) und das Fleisch in 8 bis 10 Stunden bei 80 bis 100 °C trocknen; dabei ab und zu wenden. Das Fleisch muß hart werden.
**3.** Das getrocknete Fleisch im Dämpftopf 20 Minuten dämpfen oder in wenig Wasser dünsten.
**4.** Die Zwiebel pellen, fein hacken und in 2 Eßlöffeln Öl hellbraun braten.
**5.** Das Fleisch in hauchfeine Fasern zerreißen oder es mit einem scharfen Messer hauchdünn zerschneiden und zu der Zwiebel geben. In ½ Stunde bei geringer Hitze knusprig braten, dabei öfter wenden.

**6.** 5 Minuten vor Ende der Garzeit den Zucker hinzufügen und alles gut vermengen.
Dazu ißt man Reis in Kokosmilch (Seite 116) und Papayasalat (Seite 42).

### *Anmerkung*
Luftgetrocknetes, gesalzenes Rindfleisch gibt es bei uns nicht zu kaufen. Auf die im Rezept beschriebene Art und Weise kann man es aber ähnlich selbst zubereiten – es ist dann allerdings nicht luftgetrocknet, sondern eher gedörrt. Trocken aufbewahrt hält es sich sehr lang.

**kalam plee pan taohoo**

## *Weißkohlpäckchen mit Tofu-Fleisch-Füllung*

Zubereitungszeit: ca. 45 Minuten

**Sie benötigen für 2–3 Portionen:**

| |
|---|
| 1 Weißkohl |
| 1 kleine Zwiebel |
| 4 Knoblauchzehen |
| 100 g Tofu (Sojabohnenquark) |
| 3 EL Öl zum Braten |
| 350 g Rinderhackfleisch |

| |
|---|
| Salz |
| 1 EL Zucker |
| 3 EL Sojasauce |
| 1 Ei |
| 3 EL Mehl |
| ½ l Fleisch- oder Gemüsebrühe |
| 1 Zitrone |

**So wird's gemacht:**

**1.** Den Kohlkopf in kochendes Wasser geben, damit sich die großen Blätter abnehmen lassen. 4 bis 6 große Kohlblätter ablösen und gut abtropfen lassen. Zwiebel und Knoblauchzehen pellen und fein hacken. Den Tofu in kleine Würfel schneiden.

**2.** Das Öl in einer Pfanne erhitzen, die Zwiebel darin anbraten. Fleisch und Knoblauch hinzufügen und 5 Minuten unter Rühren braten.

**3.** Den Tofu hinzufügen und alles mit Salz, Zucker und Sojasauce abschmecken. Die Pfanne vom Feuer nehmen und das Ei und das Mehl unter die Fleischmasse mengen, etwas abkühlen lassen.

**4.** Auf je ein Kohlblatt etwa 2 Eßlöffel der Masse geben und die Blätter zusammenrollen. Mit Küchengarn verschnüren.

**5.** Die Brühe erhitzen und die Kohlpäckchen in der sanft siedenden Brühe in 20 Minuten garen. Dabei einmal wenden.

**6.** Die Päckchen mit ein wenig Brühe auf Tellern verteilen und mit Zitronenachteln garnieren.

### *Tip*
Man kann dieses Gericht auch als Beilage für 4 bis 6 Personen reichen.

**gaeng neua**

## *Rindfleischcurry*

Zubereitungszeit: ca. ½ Stunde

**Sie benötigen für 4 Portionen:**

**Für die Gewürzpaste:**

| |
|---|
| 5 kleine getrocknete Chilischoten |
| 5 Schalotten (ersatzweise |
| 2 kleine Zwiebeln) |
| 10 Knoblauchzehen |
| 1 EL gemahlenes Zitronengras |
| 1 EL gemahlene Galgantwurzel |
| 1 TL abgeriebene Limonenschale |
| (ersatzweise abgeriebene Schale |
| einer unbehandelten Zitrone) |
| 1 EL Korianderpulver |
| 1 Msp. schwarzen Pfeffer |
| 1 TL Salz |
| 1 TL Krabbenpaste |
| 2 EL Öl |

**Außerdem:**

| |
|---|
| 500 g mageres Rindfleisch (Steak) |
| 250 ml Kokosmilch (siehe Seite 15) |
| 2 Limonenblätter (falls erhältlich) |
| 2 EL Fischsauce |
| 1 EL Palmzucker (ersatzweise |
| braunen Zucker) |
| 1 Handvoll Horapablätter (ersatz- |
| weise frisches Basilikum) |

**So wird's gemacht:**

**1.** Die Chilischoten zerreiben, die Schalotten pellen und sehr fein würfeln, die Knoblauchzehen ebenfalls pellen und durchpressen. Diese Zutaten mit allen anderen für die Gewürzpaste außer dem Öl im Mörser zerstoßen.

**2.** Das Öl in einem Topf erhitzen und die Paste darin unter Rühren 2 Minuten anbraten.

**3.** Das Fleisch in schmale, mundgerechte Streifen schneiden, in den Topf zur Paste geben und unter Rühren 5 Minuten mitbraten.

**4.** Die Kokosmilch und die Limonenblätter dazugeben und alles im offenen Topf etwa 10 Minuten köcheln lassen. Falls die Sauce zu dick sein sollte, etwas Wasser hinzufügen.

**5.** Mit der Fischsauce und dem Zucker abschmecken. Den Topf vom Herd nehmen und die Horapablätter unter das Curry mischen.

**gaeng ped neua makeua**

# *Rindfleischcurry mit Auberginen und Paprika*

Zubereitungszeit: ca. 40 Minuten

**Sie benötigen für 4 Portionen:**

| |
|---|
| 600 g mageres Rindfleisch aus der Hüfte |
| 1 Aubergine (300 g) |
| 1 grüne Paprikaschote |
| 1 rote Paprikaschote |
| 4 EL Öl |
| Salz |
| 1 EL gemahlenes Zitronengras |
| 1 TL Sambal Oelek |
| ¼ l Fleischbrühe |
| Saft von ½ Zitrone |
| 3 EL süße Sojasauce (ketjap manis) |
| 1 EL braunen Zucker |
| ½ Handvoll Horapablätter (ersatzweise frisches Basilikum) |
| 4 EL geraspelte getrocknete Kokosflocken |

**So wird's gemacht:**

**1.** Das Fleisch in schmale Streifen schneiden. Die Aubergine würfeln und bis zur Verwendung in eine Schüssel mit Wasser legen. Die Paprikaschoten putzen und in schmale Streifen schneiden.

**2.** Das Öl in einer flachen Pfanne erhitzen und das Fleisch darin kurz scharf anbraten. Paprikastreifen und abgetropfte Auberginenwürfel hinzufügen, alles mit Salz, Zitronengras und Sambal Oelek abschmekken und unter Rühren 10 Minuten braten.

**3.** Die Fleischbrühe angießen, Zitronensaft, Sojasauce und Zucker hinzufügen und alles weitere 10 Minuten unter gelegentlichem Rühren in der offenen Pfanne kochen lassen.

**4.** Kurz vor Ende der Garzeit die Horapablätter daruntermischen und das Rindfleischcurry mit den getrockneten Kokosflocken bestreuen.

**gaeng masaman**

## *Rindfleischcurry mit Kokoscreme und Kartoffeln*

Zubereitungszeit: ca. 2 Stunden

**Sie benötigen für 4 Portionen:**

**Für die Chilipaste:**

2 Zwiebeln

10 Knoblauchzehen

1 Stückchen frischen Ingwer (30 g)

Öl zum Braten

1 Stückchen Zitronengras (10 g; ersatzweise 1 EL gemahlenes)

1 Stückchen Galgantwurzel (10 g; ersatzweise 1 EL gemahlene)

1 EL Korianderpulver

1 EL Kreuzkümmelpulver

1 EL Paprikapulver edelsüß

1 TL Currypulver (von bester Qualität) oder garam masala (in Asienläden erhältlich)

1 TL Salz

**Außerdem:**

600 g mageres Rindfleisch aus der Hüfte

70 g konzentrierte Kokoscreme (Santen; siehe Seite 15)

4–5 Kartoffeln (ca. 300 g)

1 große Zwiebel

**So wird's gemacht:**

**1.** Für die Paste die Zwiebeln pellen und fein würfeln, die Knoblauchzehen ebenfalls pellen und durchpressen. Den Ingwer schälen und fein hacken. Alles in etwas Öl 5 bis 6 Minuten braten, der Knoblauch darf nicht zu braun werden.

**2.** Zitronengras und Galgantwurzel im Mörser zerstoßen, dazugeben und alles gut mischen.

**3.** Koriander, Kreuzkümmel, Paprika, Curry und Salz hinzufügen und alles gut verrühren. Die Paste beiseite stellen.

**4.** Das Fleisch in schmale, etwa 1 cm breite und 3 cm lange Streifen schneiden.

**5.** Die Kokoscreme in einer großen Pfanne bei schwacher Hitze langsam schmelzen lassen und dabei etwa 200 ml Wasser hineinrühren. Die Chilipaste und das Fleisch dazugeben und alles zum Kochen bringen.

**6.** Die Kartoffeln schälen, waschen und grob würfeln. Ebenfalls zum Fleisch geben, alles leicht salzen und zugedeckt 45 Minuten bis 1 Stunde köcheln lassen. Falls die Sauce zu dick wird, etwas Wasser dazugießen.

**7.** Die Zwiebel pellen, fein würfeln und in etwas Öl goldbraun braten. Das Rindfleischcurry in einer Schüssel anrichten und die Zwiebelwürfel darüberstreuen.

Reichen Sie dazu Gurken-Rettich-Pickles.

**gaeng ped neua**

## *Rotes Rindfleischcurry*

Zubereitungszeit: ca. 1 Stunde

**Sie benötigen für 4 Portionen:**
800 g mageres Rindfleisch
aus der Hüfte
1 Zwiebel
2 rote Paprikaschoten
ca. 1 l Kokosmilch (siehe Seite 15)
1–2 TL Salz
2 EL rote Gewürzpaste
(siehe Seite 24)
3 Zitronenblätter
1 Stückchen getrocknetes
Zitronengras (ersatzweise
1–2 TL gemahlenes)
2 EL Fischsauce
2 EL Horapablätter (ersatzweise frisches Basilikum)
2 EL Koriandergrün

**So wird's gemacht:**
**1.** Das Fleisch in schmale, etwa
1 cm breite und 5 cm lange Streifen schneiden, die Zwiebel pellen,
halbieren und in dünne Scheiben
schneiden. Die Paprikaschoten
putzen und ebenfalls in schmale
Streifen schneiden.
**2.** Die Kokosmilch zum Kochen
bringen, das Fleisch und die Zwiebel hineingeben und Salz, rote
Gewürzpaste, Zitronenblätter, Zitronengras und Fischsauce hinzufügen. Alles halb zugedeckt auf
kleiner Flamme etwa 40 Minuten
köcheln lassen, dabei ab und zu
umrühren.
**3.** Die Paprikaschoten hinzufügen
und alles offen weitere 10 Minuten
kochen lassen, bis die Sauce etwas
eingekocht ist.
**4.** Das Gericht in eine Schüssel
füllen und mit Horapa- und Korian-
derblättern bestreuen.

**see khrong moo supparot**

## Gebratene Rippchen mit Ananas und Chili

Zubereitungszeit: ca. 1½ Stunden

**Sie benötigen für 4 Portionen:**

| |
|---|
| 1½ kg Schweinerippchen |
| (je 10 cm lang) |
| Salz |
| Pfeffer |
| Mehl zum Wenden |
| Öl zum Braten |

**Außerdem:**

| |
|---|
| 1 kleine Ananas (800 g) |
| 300 ml ungesüßten Ananassaft |
| (Reformhaus) |
| 2 EL helle Sojasauce |
| 2 EL Rotweinessig |
| 1 EL braunen Zucker |
| 2 frische rote Chilischoten |

**So wird's gemacht:**

**1.** Die Rippchen mit Salz und Pfeffer einreiben. In Mehl wenden, überschüssiges Mehl abklopfen und die Rippchen in heißem Öl von allen Seiten knusprig braun braten. Auf Küchenkrepp abtropfen lassen und beiseite stellen.
**2.** Stiel und Schopf der Ananas abschneiden, die Frucht aufrecht auf einen Teller stellen und die Schale großzügig abschneiden, dabei auch die braunen »Augen« entfernen. Die Ananas halbieren, vierteln und den Strunk herausschneiden. Das Fruchtfleisch in mundgerechte Würfel schneiden und beiseite stellen.
**3.** Den Ananassaft mit 100 ml Wasser, Sojasauce, Essig und Zucker verrühren und zusammen mit den Rippchen in einen Topf geben. Alles zum Kochen bringen und zugedeckt etwa 45 Minuten kochen lassen. Dann noch weitere 15 Minuten ohne Deckel garen, dabei soll die Sauce leicht einkochen.

Die Ananasschale abschneiden

Den Strunk herausschneiden

Das Fruchtfleisch würfeln

**4.** 5 Minuten vor Ende der Garzeit die Ananaswürfel hinzufügen und heiß werden lassen.
**5.** Die Chilischoten entkernen und in dünne Ringe schneiden. Die Rippchen damit bestreuen und servieren.

### Tip

Statt einer frischen Ananas kann man auch eine kleine Dose ungesüßte Ananas mit 350 g Einwaage nehmen.

**moo daeng**

## Gegrilltes Schweinefleisch

Marinierzeit: ca. 6 Stunden
Zubereitungszeit: ca. 1 Stunde

**Sie benötigen für 4 Portionen:**

| |
|---|
| 1 kg Schweineschulter |
| ohne Schwarte |

**Für die Marinade:**

| |
|---|
| 3 EL helle Sojasauce |
| 3 EL Sherry |
| 2 EL Sesamöl (ersatzweise |
| normales Öl) |
| 4–5 EL Zucker |
| 1 TL Salz |
| 1 TL Ingwerpulver |
| 1 TL Knoblauchpulver |
| 3 EL Honig |

**Außerdem:**

| |
|---|
| Scheiben von Gurke und Tomate |

**So wird's gemacht:**

**1.** Das Schweinefleisch in Stücke (ca. 3 x 5 x 5 cm) schneiden.
**2.** Alle Zutaten für die Marinade miteinander verrühren. Die Fleischstücke damit einreiben und 6 Stunden marinieren lassen.
**3.** Das Fleisch anschließend etwa ½ Stunde lang grillen, dabei oft wenden und mit Marinade bestreichen.
**4.** Dann das Fleisch in schmale Scheiben schneiden und mit Gurken- und Tomatenscheiben garniert anrichten.

### Tip

Wer keinen Grill hat, kann das Fleisch auch in einer feuerfesten Form im Ofen bei 250 °C braten. Das Fleisch auch dann öfter wenden.

**moo tord**

## *Rotes Schweinefleisch*

Marinierzeit: ca. 2 Stunden
Zubereitungszeit: ca. 1¼ Stunde

**Sie benötigen für 4 Portionen:**

| |
|---|
| 700 g Schweinefleisch vom Nacken |
| 150 g Tomatenmark |
| 4 EL chinesische Sojasauce |
| Salz |
| 2 EL Zucker |
| 2 EL Öl |

**Außerdem:**

| |
|---|
| 1 Salatgurke |
| 2–4 frische rote Chilischoten |
| 2 EL chinesische Sojasauce |
| 2 EL Rotweinessig |
| 2 TL Zucker |
| 4 EL Koriandergrün |

**So wird's gemacht:**

**1.** Das Fleisch in mundgerechte Streifen schneiden. Das Tomatenmark mit so viel Wasser verdünnen, daß man 400 ml Flüssigkeit erhält. Mit der Sojasauce, etwas Salz und dem Zucker verrühren und das Fleisch darin 2 Stunden unter gelegentlichem Wenden marinieren.

**2.** Das Fleisch in der Marinade zum Kochen bringen, den Topf verschließen und alles bei schwacher Hitze ½ Stunde köcheln lassen. Das Fleisch zusammen mit der Sauce in ein Sieb gießen, die Flüssigkeit aufbewahren, das Fleisch abkühlen lassen.

**3.** Das Fleisch in einer beschichteten Pfanne im Öl in etwa 20 Minuten von allen Seiten knusprig braun braten. Die Sauce hinzufügen und alles unter mehrmaligem Umrühren etwa 10 Minuten kochen lassen. Die Sauce soll dabei stark einkochen.

**4.** In der Zwischenzeit die Salatgurke geschält in nicht zu dünne Scheiben schneiden, die Chilischoten entkernen und würfeln. Die Sojasauce mit dem Essig und dem Zucker verrühren.

**5.** Das Fleisch in eine Servierschüssel geben, mit den Gurkenscheiben umlegen und mit dem Chili und den Korianderblättchen bestreuen. Die Sojasauce getrennt dazu reichen.

kao kha moo

## *Schweinshaxe auf Reis*

Zubereitungszeit: ca. 2 Stunden

**Sie benötigen für 4 Portionen:**

| |
|---|
| 800 g Schweinshaxe (ungepökeltes Eisbein) |
| 5 Knoblauchzehen |
| 1 TL Anissamen |
| 1 TL Korianderpulver |
| 1 TL Salz |
| 3–4 EL Sojasauce |
| 300 g Reis |

**So wird's gemacht:**

**1.** Die Haxe in einen Topf geben und knapp mit Wasser bedecken. Die Knoblauchzehen pellen, fein hacken und zusammen mit Anis, Koriander, Salz und Sojasauce dazugeben. Die Haxe zugedeckt in etwa 1½ Stunden garen.

**2.** Die Haxe aus dem Kochsud nehmen, in 8 Stücke schneiden und warm stellen. Die Brühe entfetten. Dann knapp 600 ml abmessen (eventuell etwas Wasser hinzufügen) und den Reis darin in etwa 20 Minuten gar kochen.

**3.** Den Reis auf eine Servierplatte häufen, die Fleischstücke darauf anrichten.

Dazu Gurken-Rettich-Pickles (Seite 39) oder chinesisches eingelegtes Gemüse (in Asienläden erhältlich) servieren.

### *Tip*

Wem das Eisbein zu fett ist, der kann es zum Beispiel durch Schulter- oder Nackenfleisch ersetzen.

**gaeng ped moo kab tua**

## Schweinefleisch mit Chilipaste und grünen Bohnen

Zubereitungszeit: ca. 45 Minuten

**Sie benötigen für 4 Portionen:**

**Für die Chilipaste:**

3 getrocknete rote Chilischoten

6 Schalotten (ersatzweise

2 mittelgroße Zwiebeln)

5 Knoblauchzehen

½ TL gemahlene Galgantwurzel

1 Msp. schwarzen Pfeffer

1 EL gemahlenes Zitronengras

1 EL Korianderpulver

1 TL abgeriebene Limonenschale

(ersatzweise abgeriebene Schale

einer unbehandelten Zitrone)

Salz

1 TL Krabbenpaste

**Außerdem:**

800 g mageres Schweinefleisch

4 EL süße Sojasauce

300 g grüne Bohnen

3–4 EL Öl

1 EL Palmzucker (ersatzweise

braunen Zucker)

2 frische rote Chilischoten

**So wird's gemacht:**

**1.** Für die Chilipaste die getrockneten Chilischoten zerreiben. Die Schalotten pellen und fein würfeln, den Knoblauch ebenfalls pellen und durchpressen. Diese und alle anderen Zutaten für die Paste im Mörser gut zerstoßen.

**2.** Das Fleisch in längere, dünne Streifen schneiden und in 2 Eßlöffel Sojasauce wenden. Die Bohnen putzen und in 2 cm lange Stücke schneiden. Sie in kochendem, leicht gesalzenem Wasser in etwa 15 Minuten knapp gar kochen und dann abtropfen lassen.

**3.** Die restlichen 2 bis 3 Eßlöffel Öl in einer Pfanne erhitzen, das Fleisch darin scharf anbraten, herausnehmen und beiseite stellen. Im verbliebenen Fett die Chilipaste unter Rühren einige Minuten braten, dann das Fleisch, den Zucker, die restlichen 2 Eßlöffel Sojasauce und die grünen Bohnen hinzufügen. Alles gut vermengen.

**4.** Die Chilischoten entkernen, in dünne Ringe schneiden und über das Gericht streuen.

**moo brio wan**

---

## *Süß-saures Schweinefleisch*

---

Marinierzeit: 2–3 Stunden
Zubereitungszeit: ca. 2 Stunden

**Sie benötigen für 4–6 Portionen:**
1,3 kg Schweinefleisch aus
der Schulter
Öl zum Braten

**Für die Marinade:**
4 EL Sojasauce
3 EL chinesischen Wein (ersatzweise trockenen Sherry)

1 TL Salz
1 EL weißen Pfeffer
1 EL Ingwerpulver

**Für die süß-saure Sauce:**
200 ml ungesüßten Ananassaft
(Reformhaus)
100 ml Tomatenketchup
2 EL Rotweinessig
2 EL Zucker
ca. 400 ml Fleischbrühe

**Außerdem:**
4 frische rote Chilischoten (ersatzweise 6–8 getrocknete oder
1–2 TL Sambal Oelek)
1 grüne Paprikaschote
1 rote Paprikaschote
1 Zwiebel
1 Stück frischen Ingwer (30 g)
250 g Ananasstücke (evtl.
aus der Dose)

**So wird's gemacht:**
**1.** Das Schweinefleisch in mundgerechte Streifen schneiden.
**2.** Für die Marinade Sojasauce,
Wein, Salz, Pfeffer und Ingwer verrühren und das Fleisch darin 2 bis
3 Stunden marinieren.
**3.** Den Ananassaft mit Ketchup,
Essig, Zucker, ½ Teelöffel Salz und
Fleischbrühe verrühren.
**4.** Die Chilischoten entkernen und
in dünne Ringe schneiden, die Paprikaschoten putzen, vierteln und
in ½ cm dicke Streifen schneiden.
Die Zwiebel pellen und in Ringe
schneiden, den Ingwer schälen
und fein hacken.
**5.** Das Fleisch in heißem Öl rundherum scharf anbraten. Die süß-
saure Sauce hinzufügen, alles zum
Kochen bringen und halb zugedeckt 1 bis 1¼ Stunde köcheln
lassen.
**6.** Die Zwiebelringe in wenig heißem Öl anbraten, aber nicht braun
werden lassen. Paprikastreifen und
Chilischoten hinzufügen und unter
Rühren 2 Minuten braten. Diese
Zutaten und die Ananasstückchen
zum Fleisch geben und alles
erwärmen.

**moo wan**

## *Süßes Schweinefleisch*

Zubereitungszeit: ca. 2 Stunden

**Sie benötigen für 4–6 Portionen:**

140 g braunen Zucker (oder
70 g braunen Zucker und
70 g Rübenkraut bzw. Melasse)
150 ml Sojasauce
150 ml Fischsauce
1 kg Schweinefleisch aus der
Schulter (ohne Schwarte)
2 Zwiebeln
3 EL Öl

**So wird's gemacht:**
**1.** 700 ml Wasser mit dem Zucker
oder der Zucker-Rübenkraut-
Mischung, der Soja- und der Fischsauce vermischen und in einen
Topf geben.
**2.** Das Fleisch hineinlegen und
alles zum Kochen bringen. Halb
zugedeckt etwa 1¼ Stunden
köcheln lassen, dabei das Fleisch
öfter wenden und mit Brühe
beschöpfen (die Brühe sollte danach auf mindestens die Hälfte
reduziert sein).
**3.** Das Fleisch aus der Brühe nehmen und warm stellen. Die Brühe,
wenn nötig, so lange einkochen
lassen, bis sie dicklich ist.
**4.** Die Zwiebeln pellen, fein würfeln und in dem Öl goldbraun
braten.
**5.** Das Fleisch in Scheiben schneiden, mit der Sauce begießen und
die Zwiebeln darüberstreuen.

**gaeng moo sa**

## *Schweinefleisch mit Shrimps*

Zubereitungszeit: ca. ½ Stunde

**Sie benötigen für ca. 4 Portionen:**

700 g mageres Schweinefleisch
(Schnitzel)
600 ml Kokosmilch (siehe Seite 15)
1 TL Salz
1 TL Zucker
1 TL geröstete Chilipaste (Seite 25)
oder rote Gewürzpaste (Seite 24)
200 g geschälte Shrimps
oder Krabben
2–3 frische rote Chilischoten
½ Handvoll Koriandergrün

**So wird's gemacht:**
**1.** Das Fleisch in schmale mundgerechte Streifen schneiden.
**2.** Die Kokosmilch erhitzen und
2 bis 3 Minuten offen köcheln lassen. Dann das Fleisch hineingeben,
Salz, Zucker und Chili- oder Gewürzpaste hinzufügen und alles
etwa 20 Minuten offen köcheln
lassen.
**3.** Die Shrimps oder die Krabben
hinzufügen und in weiteren
5 Minuten offen gar kochen; die
Kokosmilch sollte jetzt dickflüssig
sein.
**4.** Die Chilischoten entkernen und
längs in dünne Streifen schneiden.
Zusammen mit Korianderblättchen
über das fertige Gericht streuen.

**tai pad hed**

## *Nierchen mit Pilzen*

Zeit zum Wässern: 3–4 Stunden
Zubereitungszeit: ca. 20 Minuten

**Sie benötigen für 2–3 Portionen:**

500 g Schweinenieren
6 getrocknete Tongupilze (auch
Shiitakepilze oder chinesische
Champignons genannt)
1 Zwiebel
2 Knoblauchzehen
3–4 EL Öl
4 EL Sojasauce
2 EL Chilisauce (als Fertigprodukt
in Asienläden erhältlich)
1 Handvoll Koriandergrün

**So wird's gemacht:**
**1.** Die Nieren längs halbieren und
von allen Sehnen und Röhren befreien. Für 3 bis 4 Stunden in kaltes
Wasser legen, das Wasser öfter
erneuern.
**2.** Die Nieren herausnehmen, gut
trockentupfen und in mundgerechte Würfel schneiden.
**3.** Die Pilze etwa 15 Minuten lang
in lauwarmem Wasser quellen lassen. Inzwischen die Zwiebel pellen
und fein würfeln, die Knoblauchzehen ebenfalls pellen und durchpressen.
**4.** Die Pilze abtropfen lassen, das
Einweichwasser aufbewahren. Die
Stiele der Pilze abschneiden und
die Pilze in schmale Streifen
schneiden.
**5.** Das Öl in einer Pfanne erhitzen
und die Zwiebel darin hellgelb braten. Den Knoblauch und die Nieren
hinzufügen und rasch anbraten.
**6.** Nun die Pilze in die Pfanne
geben, Sojasauce, Chilisauce und
4 Eßlöffel des Pilzeinweichwassers
dazugeben und alles unter Rühren
3 bis 4 Minuten dünsten. Die
Nieren dürfen nicht hart werden.
Zuletzt Korianderblättchen darüberstreuen.

**kai king**

## *Huhn mit Ingwer und Pilzen*

Zubereitungszeit: ca. 40 Minuten

**Sie benötigen für 4–6 Portionen:**

8 getrocknete Tongupilze (auch
Shiitakepilze oder chinesische
Champignons genannt)
1 Zwiebel
4 Knoblauchzehen
Öl zum Braten
1 kg Hühnerbrust
2–3 Frühlingszwiebeln
60 g frischen Ingwer
3–6 frische rote Chilischoten
3 EL Sojasauce
2 EL gehackte frische Minze
1 EL Zucker
2–3 EL Fischsauce
2 EL Reisessig (ersatzweise
Weißweinessig), eventuell etwas Salz

**So wird's gemacht:**

**1.** Die Pilze für etwa 15 Minuten in
lauwarmem Wasser quellen lassen.
Die Zwiebel und die Knoblauchzehen pellen, fein würfeln beziehungsweise durchpressen.
3 Eßlöffel Öl in einer großen Pfanne
erhitzen und die Zwiebel darin
hellbraun braten. Den Knoblauch
hinzufügen und 1 Minute mitbraten. Herausnehmen und beiseite
stellen.

**2.** Das Hühnerfleisch in mundgerechte Würfel schneiden. Nun die
Pilze abtropfen lassen, die harten
Stiele entfernen und die Pilze in
feine Streifen schneiden.

**3.** Die Frühlingszwiebeln putzen
und in 1 cm dicke Stückchen
schneiden. Den Ingwer schälen
und sehr fein hacken. Die Chilischoten entkernen und in dünne
Ringe schneiden.

**4.** Das Hühnerfleisch in dem verbliebenen Öl von allen Seiten
scharf anbraten, dann Sojasauce,
Pilze, Frühlingszwiebeln, Chilischoten, Ingwer und Minze hinzufügen.
Alles unter ständigem Rühren etwa
5 Minuten braten. Mit Zucker,
Fischsauce, Reisessig und eventuell
etwas Salz abschmecken.

**kai tua**

## *Huhn in Erdnußsauce*

Marinierzeit: ca. 1 Stunde
Zubereitungszeit: ca. 40 Minuten

**Sie benötigen für 4 Portionen:**

800 g Hühnerbrust

**Für die Gewürzpaste:**

1 Stück frischen Ingwer (30 g)

4 Knoblauchzehen

1 TL Korianderpulver

1 TL Kreuzkümmelpulver

je ½ TL Salz und Pfeffer

1 Msp. Zimt

1 Msp. Nelkenpulver

**Außerdem:**

250 g Brokkoli oder grüne Bohnen

1 große Zwiebel

4 Frühlingszwiebeln

4–6 getrocknete Chilischoten

80 g ungesalzene Erdnüsse

250 ml Kokosmilch (siehe Seite 15)

1 EL Zucker

2–3 EL Sojasauce

Öl zum Braten

**So wird's gemacht:**

**1.** Das Hühnerfleisch in mundgerechte Würfel schneiden.

**2.** Den Ingwer schälen und sehr fein hacken oder reiben, die Knoblauchzehen pellen und durchpressen. Ingwer und Knoblauch im Mörser zusammen mit Koriander, Kreuzkümmel, Salz, Pfeffer, Zimt und Nelken zu einer Paste zerstoßen. Das Fleisch damit einreiben und für 1 Stunde durchziehen lassen.

**3.** Die Brokkoli putzen und in Röschen teilen. Die Stiele in Stücke schneiden. In kochendem Salzwasser in etwas 10 Minuten knapp gar kochen. Oder die Bohnen putzen, in Stücke schneiden und in etwa 20 Minuten garen.

**4.** Die Zwiebel pellen und würfeln, die Frühlingszwiebeln putzen und in 1 cm dicke Stücke schneiden. Die Chilischoten zerreiben. Die Erdnüsse in einer Pfanne ohne Zugabe von Fett leicht rösten und dann mahlen.

**5.** In einer großen Pfanne die Zwiebel in 3 Eßlöffel Öl hellgelb werden lassen, dann die Brokkoli oder die Bohnen, die Frühlingszwiebeln und die Chilischoten hinzufügen und alles unter Rühren 2 bis 3 Minuten braten.

**6.** Das Gemüse herausnehmen oder beiseite schieben und das Hühnerfleisch von allen Seiten anbraten. Mit dem Gemüse vermischen und alles mit der Kokosmilch ablöschen.

**7.** Zucker, Sojasauce und Erdnüsse hinzufügen und das Gericht eventuell mit Salz abschmecken. Noch weitere 5 Minuten unter öfterem Umrühren kochen lassen. Sofort heiß servieren.

**gaeng keo wan kai**

## *Hühnercurry mit Horapa*

Zubereitungszeit: ca. 40 Minuten

**Sie benötigen für 4 Portionen:**

| |
|---|
| 800 g Hühnerbrust |
| ca. 600 ml Kokosmilch (siehe Seite 15) |
| 1 TL Salz |
| 2 Stückchen frische Galgantwurzel (oder 1 TL gemahlene) |
| 2 EL grüne Gewürzpaste (siehe Seite 25) |
| 5 Zitronenblätter |
| 2 frische grüne Chilischoten (ca. 8 cm lang; ersatzweise 1 grüne Paprikaschote und 4 kleine getrocknete Chilischoten) |
| 100 g kleine Makeur (Auberginenart mit grünen erbsengroßen Früchten; ersatzweise 100 g normale Aubergine) |
| 10 Horapablätter (ersatzweise frisches Basilikum) |

**So wird's gemacht:**

**1.** Das Hühnerfleisch in schmale, etwa 1 cm breite und 4 cm lange Streifen schneiden.

**2.** Die Kokosmilch zum Kochen bringen, die Fleischstreifen hineingeben und offen etwa 5 Minuten kochen lassen, herausnehmen und beiseite stellen. Nun Salz, geschälte und geriebene Galgantwurzel, Gewürzpaste und Zitronenblätter hinzufügen.

**3.** Die Chilischoten entkernen und in dünne Ringe schneiden (oder die Paprikaschote würfeln beziehungsweise die getrockneten Chilischoten zerreiben). In den Topf geben und alles bei mittlerer Hitze 20 Minuten offen köcheln lassen.

**4.** Das Hühnerfleisch und die Makeur hinzufügen und alles nochmals 1 bis 2 Minuten ziehen lassen. Die Zitronenblätter entfernen, das Curry in eine Schüssel füllen und mit Horapa garnieren.

kao rad na kai

## Hühnchen in Sauce mit Reis

Marinierzeit: ca. 1 Stunde
Zubereitungszeit: ca. 1 Stunde

**Sie benötigen für 4 Portionen:**

| |
|---|
| 500 g Hühnerfleisch von Schenkeln |
| 200 g Hühnerlebern |
| 5 EL Sojasauce |
| 3 getrocknete Tongupilze (auch Shiitakepilze oder chinesische Champignons genannt) |
| 1 Zwiebel |
| 4 Knoblauchzehen |
| 250 g Möhren |
| 250 g Brokkolistiele (oder Rübstiele – auch Stielmus genannt) |
| 4 EL Öl |
| ca. 200 ml Hühnerbrühe (siehe Seite 22) |
| Salz, 1/2 TL weißen Pfeffer |
| 1 EL Zucker |
| 1 EL Maisstärke oder Kartoffelstärke |

**Für die Sauce:**

| |
|---|
| 4–8 getrocknete Chilischoten |
| 6 EL Rotweinessig |

**So wird's gemacht:**

**1.** Das Hühnerfleisch und die Hühnerlebern in mundgerechte Würfel schneiden. In 2 Eßlöffeln Sojasauce wenden und etwa 1 Stunde lang marinieren.

**2.** Die Pilze in lauwarmem Wasser etwa 15 Minuten quellen lassen. Die Zwiebel pellen und fein würfeln, die Knoblauchzehen ebenfalls pellen und durchpressen. Die Möhren schaben und in etwa 1/2 cm dicke Scheiben schneiden. Die Brokkolistiele putzen, ebenfalls in etwa 1/2 cm dicke Scheiben schneiden.

**3.** Die gequollenen Pilze abtropfen lassen, die Einweichflüssigkeit auffangen. Dann die Pilzstiele entfernen und die Pilze in schmale Streifen schneiden.

**4.** Das Öl in einer großen Pfanne erhitzen und die Zwiebel darin anschwitzen. Möhren- und Brokkolischeiben hinzufügen und unter Rühren ebenfalls anbraten. Dann das Hühnerfleisch (nicht die Lebern) und den Knoblauch dazugeben und alles unter Rühren 3 bis 4 Minuten braten.

**5.** Mit der Hühnerbrühe ablöschen und mit den restlichen 3 Eßlöffeln Sojasauce, Salz, Pfeffer und Zucker abschmecken. Die Tongupilze und 3 Eßlöffel der Einweichflüssigkeit hinzufügen und alles zugedeckt etwa 1/2 Stunde köcheln lassen, bis Fleisch und Gemüse weich sind.

**6.** 5 Minuten vor Ende der Garzeit die Hühnerlebern hinzufügen.

**7.** Die Maisstärke mit 3 Eßlöffeln Wasser verrühren und in die Sauce geben. So lange unter Rühren kochen lassen, bis die Sauce dicklich geworden ist.

**8.** Die Chilischoten zerreiben und mit dem Essig verrühren.

Das Gericht zusammen mit Reis servieren und die Sauce getrennt dazu reichen.

### Tip

Man kann anstelle des Schenkelfleischs auch Hühnerbrust oder Putenfleisch verwenden. In dem Fall verkürzt sich die Garzeit um etwa 20 Minuten. Möhren und Brokkoli müssen dann vorgekocht werden.

## kai gup kao lad

### Huhn mit Wasserkastanien

Zubereitungszeit: ca. 20 Minuten

**Sie benötigen für 4 Portionen:**

**Für die Gewürzpaste:**

2 Schalotten (ersatzweise
1 kleine Zwiebel)
5 Knoblauchzehen
½ TL schwarzen Pfeffer
1 EL Korianderpulver

**Außerdem:**

500 g Hühnerbrust
150 g Hühnerlebern
Öl zum Braten
½ l Hühnerbrühe (siehe Seite 22)
1 kleine Dose Wasserkastanien
(ca. 200 g Einwaage)
eventuell Salz
1 EL Palmzucker (ersatzweise
Haushaltszucker)

**So wird's gemacht:**
**1.** Die Schalotten und die Knoblauchzehen pellen und fein würfeln. Zusammen mit Pfeffer und Koriander im Mörser zu einer Paste zerreiben.
**2.** Die Hühnerbrust und die Hühnerlebern in kleine Würfelchen schneiden.
**3.** In einem Wok oder einem großen Topf 3 Eßlöffel Öl erhitzen und die Gewürzpaste darin 2 bis 3 Minuten unter Rühren braten. Das Hühnerbrustfleisch und die -lebern hinzufügen und kurz mitbraten. Mit der Brühe ablöschen und alles 5 Minuten offen köcheln lassen.
**4.** Die Wasserkastanien abtropfen lassen, halbieren und zusammen mit dem Zucker in den Topf geben. Eventuell mit Salz nachwürzen. Alles noch 2 bis 3 Minuten kochen lassen.

## pad ped kai

### Hühnerfleisch mit Paprika

Zubereitungszeit: ca. ½ Stunde

**Sie benötigen für 4 Portionen:**

800 g Hühnerbrust
4 Knoblauchzehen
8 Horapablätter
5 Frühlingszwiebeln
je ½ rote und grüne Paprikaschote (100 g)
4 frische rote Chilischoten
4 EL Öl
5 TL Fischsauce
Salz
einige frische Basilikumblätter

**So wird's gemacht:**
**1.** Das Hühnerfleisch in feine Streifen schneiden, die Knoblauchzehen pellen und durchpressen, die Horapablätter im Mörser zerreiben. Die Frühlingszwiebeln putzen und in dünne Ringe schneiden (nur das Weiße und Hellgrüne verwenden), die Paprikaschoten putzen und fein würfeln. Die Chilischoten entkernen und in dünne Ringe schneiden.
**2.** Das Öl in einer Pfanne heiß werden lassen. Das Fleisch, die Horapablätter, die Frühlingszwiebeln, die Paprikaschoten und die Chilischoten darin anbraten, jedoch nicht braun werden lassen. Alles zugedeckt in etwa 5 Minuten garen.
**3.** Mit der Fischsauce und eventuell etwas Salz abschmecken und die Basilikumblätter darüberstreuen.

## dom ka kai

### Huhn in Kokosmilch mit Galgantwurzel

Zubereitungszeit: ca. 1 Stunde

**Sie benötigen für 4 Portionen:**

1 Huhn (ca. 1½ kg)
8 Stückchen getrocknete Galgantwurzel (à ca. 1 cm Länge)
800 ml Kokosmilch (siehe Seite 15)
½ TL Salz
½ TL weißen Pfeffer
½ TL Korianderpulver
abgeriebene Schale von 1 Limette
(ersatzweise von 1 unbehandelten
Zitrone)
½ TL gemahlenes Zitronengras
4 Limetten- oder Zitronenblätter
50 g konzentrierte Kokoscreme
(Santen; siehe Seite 15)
2 EL Sojasauce
2–3 EL Limettensaft (ersatzweise Zitronensaft)
½ Handvoll Koriandergrün

**So wird's gemacht:**
**1.** Das Huhn in 4 bis 6 Teile zerlegen und in einen Wok oder einen großen Kochtopf geben. Die Galgantwurzelstückchen, die Kokosmilch, Salz, Pfeffer, Koriander, Limettenschale, Zitronengras und Limetten- oder Zitronenblätter hinzufügen.
**2.** Alles zum Kochen bringen und offen etwa 40 Minuten kochen, bis das Huhnfleisch weich wird und die Flüssigkeit auf etwa die Hälfte eingekocht ist. Während des Kochens öfter umrühren und die Hühnchenteile umdrehen.
**3.** Nun die Kokoscreme, die Sojasauce und den Limettensaft hinzufügen und alles weitere 15 Minuten offen köcheln lassen. Falls die Sauce zu dick wird, etwas Wasser hinzufügen. Zuletzt die Limettenblätter entfernen und gehacktes Koriandergrün darüberstreuen.

**nong kai kab pak kab hed**

## Marinierte Hühnerkeulen mit Gemüse und Pilzen

Marinierzeit: mind. 5 Stunden
(besser über Nacht)
Quellzeit: ca. 1 Stunde
Zubereitungszeit: ca. 1 Stunde
45 Minuten

### Sie benötigen für 4 Portionen:

| |
|---|
| 3 EL süße Sojasauce (ketjab manis) |
| 1 TL Sambal Oelek |
| 4 Hühnerkeulen (ca. 1 kg) |
| 40 g getrocknete Mu-Err-Pilze (auch Wolkenohrpilze oder chinesische Morcheln genannt) |
| 40 g getrocknete Tongupilze (auch Shiitakepilze oder chinesische Champignons genannt) |
| 150 g Sojabohnenkeimlinge (frisch oder Konserve) |
| 150 g Bambussprossen (aus der Dose) |
| 100 g Staudensellerie |
| 100 g Möhre |
| 2 l Erdnußöl oder Fritierfett |
| 2 EL Fischsauce |
| 2 EL Austernsauce |
| 2 EL braunen Zucker |
| Mehl zum Bestäuben |

### So wird's gemacht:

**1.** Die Sojasauce mit Sambal Oelek vermischen und die Hühnerkeulen damit einreiben. Mindestens 5 Stunden, am besten jedoch über Nacht, im Kühlschrank marinieren lassen.
**2.** Die Pilze getrennt in lauwarmem Wasser einweichen: Die Mu-Err-Pilze etwa 1 Stunde, die Tongupilze etwa 15 Minuten. Die Pilze dann unter fließendem Wasser abspülen, das Einweichwasser der Tongupilze aufheben. Die harten Stiele der Tongupilze abschneiden, anschließend alle Pilze grob würfeln.

**3.** Die Sojabohnenkeimlinge und die Bambussprossen abtropfen lassen. Den Sellerie in dünne Scheibchen schneiden, die Möhre schaben und in dünne Scheiben hobeln.
**4.** 2 Eßlöffel des Öls in einer Pfanne erhitzen und Pilze, kleingeschnittene Bambussprossen, Sojabohnenkeimlinge, Sellerie und Möhren bei mittlerer Hitze unter Rühren etwa 5 Minuten braten.
**5.** 4 Eßlöffel des Pilzeinweichwasser, die Fisch- und Austernsauce hinzufügen, Zucker darüberstreuen und das Ganze noch 2 bis 3 Minuten dünsten. Eventuell mit Salz abschmecken. Warm stellen.
**6.** Das restliche Öl in einem Topf oder einer Friteuse auf 180 °C erhitzen. Die Hühnerkeulen aus der Marinade nehmen, trockentupfen und leicht mit Mehl bestäuben. Im heißen Öl in etwa 20 Minuten goldbraun fritieren.
**7.** Das Gemüse in einer Schüssel anrichten und die Hühnerkeulen darauf legen.

**gaeng khua fuk kap kai**

## Hühnchen mit Zucchini

Zubereitungszeit: ca. 1½ Stunden

### Sie benötigen für 4 Portionen:

**Für die Gewürzpaste:**

| |
|---|
| 1 große Zwiebel |
| 1 ganze Knoblauchzwiebel (12–14 Zehen) |
| 1 EL gemahlenes Zitronengras |
| 1 TL gemahlene Galgantwurzel |
| 1 TL Krabbenpaste |
| 1 TL Salz |
| 1–2 TL Sambal Oelek |

**Außerdem:**

| |
|---|
| 100 g Kokoscreme (Dose oder Konzentrat; siehe Seite 15) |
| 4 Hühnerkeulen (ca. 1 kg) |
| 4 EL Öl |
| 3 EL Tamarindensaft (aus 1 EL Tamarindenkonzentrat) |
| 1 EL Palmzucker (ersatzweise normalen Zucker) |
| 2 EL Fischsauce |
| 400 g Zucchini |

### So wird's gemacht:

**1.** Die Zwiebel pellen und fein hacken, die Knoblauchzehen ebenfalls pellen und durchpressen. Beides mit Zitronengras- und Galgantpulver, Krabbenpaste, Salz und Sambal Oelek im Mörser zu einer Paste zerstoßen.
**2.** Die Kokoscreme mit 200 ml Wasser verrühren und in einer großen Pfanne bei milder Hitze langsam schmelzen lassen.
**3.** Die Gewürzpaste hinzufügen und alles unter gelegentlichem Rühren etwa 5 Minuten offen köcheln lassen.
**4.** Die Hühnerkeulen leicht mit Salz einreiben und in heißem Öl von beiden Seiten knusprig braun braten. In die Pfanne mit der gewürzten Kokosmilch geben und geschlossen in etwa 40 Minuten garen, dabei öfter wenden. 15 Minuten vor Ende der Garzeit den Tamarindensaft, den Palmzucker und die Fischsauce hinzufügen.
**5.** Die Stiel- und Blütenansätze der Zucchini abschneiden, die Früchte halbieren und in etwa ½ cm dicke Scheibchen schneiden. 10 Minuten vor Ende der Garzeit zu dem Hühnerfleisch geben, alles gelegentlich wenden.
**6.** Wenn nötig, das Gericht nachsalzen und zusammen mit Sambal Oelek oder scharfer Sauce (Seite 22) servieren.

### Anmerkung
In Thailand wird dieses Gericht statt mit Zucchini mit Kürbis zubereitet.

**gaeng kai masaman**

## *Hühnercurry Masaman*

Zubereitungszeit: ca. 1½ Stunden

**Sie benötigen für 4 Portionen:**

**Für die Würzmischung:**

| |
|---|
| 1 Zwiebel |
| 4 Knoblauchzehen |
| 3 frische rote Chilischoten |
| Öl zum Braten |
| ½ TL schwarzen Pfeffer |
| 1 TL gemahlene Galgantwurzel |
| 1 TL gemahlenes Zitronengras |
| 1 TL Korianderpulver |
| 1 TL Kreuzkümmelpulver |
| 1 Msp. Nelkenpulver |
| 1 TL Krabbenpaste |

**Außerdem:**

| |
|---|
| 4 Hühnerkeulen (ca. 1 kg) |
| Salz |
| 1 Dose konzentrierte Kokosmilch oder Kokoskonzentrat (150 g) |
| 1 Zwiebel |
| 2 Lorbeerblätter |
| 1 TL Kardamompulver |
| ½ TL Zimt |
| 300 g Kartoffeln |
| 3 EL geröstete, ungesalzene Erdnüsse |
| 3 EL Tamarindensaft (aus 1½ EL Tamarindenkonzentrat) |
| 2 EL Zucker |

**So wird's gemacht:**

**1.** Für die Würzmischung die Zwiebel pellen und fein hacken, die Knoblauchzehen ebenfalls pellen und durchpressen. Die Chilischoten entkernen und in dünne Ringe schneiden.

**2.** Die Zwiebel in etwas Öl knusprig braun braten, dann den Knoblauch und die Chilischoten hinzufügen und unter Rühren kurz mitbraten.

**3.** Alle anderen Zutaten für die Würzmischung dazugeben, unter Rühren einige Minuten dünsten und dann vom Herd nehmen.

**4.** Die Hühnerkeulen mit Salz einreiben. Das Kokoskonzentrat mit Wasser auf 700 ml auffüllen und zusammen mit den Hühnerkeulen in einen Topf geben.

**5.** Die Zwiebel pellen, fein hacken, zusammen mit den Lorbeerblättern, Kardamom und Zimt dazugeben und alles zum Kochen bringen. Dann die Hitze herunterschalten und alles zugedeckt 20 Minuten köcheln lassen.

**6.** Nun die Würzmischung in den Topf geben und das Ganze 15 Minuten sieden, nicht kochen, lassen.

**7.** Die Kartoffeln schälen und in große Würfel schneiden. Ebenfalls in den Topf geben und alles in weiteren 15 bis 20 Minuten garen.

**8.** Die Erdnüsse grob mahlen (siehe dazu auch den Tip Seite 36) und in die Sauce geben. Das Gericht zum Schluß mit Tamarindensaft und Zucker abschmecken.

**gaeng phed kai**

## *Thai-Hühnercurry*

Zubereitungszeit: ca. ½ Stunde

**Sie benötigen für 4 Portionen:**

**Für die Chilipaste:**
5 getrocknete Chilischoten
10 Knoblauchzehen
1 EL gemahlene Galgantwurzel
1 TL abgeriebene Limonenschale
(ersatzweise abgeriebene Schale von
1 unbehandelten Zitrone)
1 EL gemahlenes Zitronengras
1 EL Korianderpulver
1 Msp. schwarzen Pfeffer
1 EL gehacktes Koriandergrün
1 TL Salz
1 EL Krabbenpaste
2 EL Öl zum Braten

**Außerdem:**
800 g Hühnerbrust
200 ml Kokosmilch (siehe Seite 15)
2 Limonenblätter (falls erhältlich)
3 EL Fischsauce
1 EL Palmzucker (ersatzweise
braunen Zucker)
200 g kleine Makeur (Auberginenart mit grünen erbsengroßen
Früchten; ersatzweise 200 g
normale Auberginen)
1 Handvoll Horapablätter (ersatzweise frisches Basilikum)

**So wird's gemacht:**

**1.** Die Chilischoten zerreiben, die
Knoblauchzehen pellen und durchpressen. Diese und alle anderen
Zutaten für die Chilipaste, außer
dem Öl, im Mörser zerstoßen und
gut miteinander vermischen. In heißem Öl unter Rühren 2 Minuten
braten.

**2.** Das Hühnerfleisch in schmale
Streifen schneiden und zusammen
mit der Gewürzpaste weitere
3 Minuten braten. Dann die Kokosmilch hinzufügen und alles im
offenen Topf unter gelegentlichem
Umrühren 10 Minuten leise
köcheln lassen.

**3.** Limonenblätter, Fischsauce und
Zucker hinzufügen und alles weitere 5 Minuten köcheln lassen.

**4.** Die Makeur von Stielansätzen
befreien und halbieren oder die
Aubergine in kleine Würfel schneiden. Das Gemüse in den Topf
geben und in 5 Minuten garen.
Zuletzt die Horapablätter daruntermischen.

gaeng ped kai makeua taet

# Hühnercurry
# mit Tomaten

Zubereitungszeit: ca. 1½ Stunden

**Sie benötigen für 4 Portionen:**

**Für die Gewürzpaste:**
1 Zwiebel
4 Knoblauchzehen
6–10 getrocknete Chilischoten
1 Stückchen Zitronengras (ca. 20g;
ersatzweise 1 TL gemahlenes)
1 EL Krabbenpaste

1 TL Korianderpulver
1 TL Kreuzkümmelpulver
1 TL gemahlene Galgantwurzel
½ TL weißen Pfeffer

**Außerdem:**
60 g Kokoskonzentrat
(Santen; siehe Seite 15)
4 Hühnerkeulen (ca. 1 kg)
Salz
400 ml Kokosmilch (siehe Seite 15)
1-2 EL Fischsauce
1–2 EL Tamarindensaft (aus
½–1 EL Tamarindenkonzentrat)
1 EL Zucker
4–6 Tomaten

**So wird's gemacht:**
**1.** Für die Gewürzpaste die Zwiebeln pellen und fein hacken, die Knoblauchzehen ebenfalls pellen und durchpressen. Die Chilischoten zerreiben, das Zitronengras fein würfeln. Diese und alle anderen Zutaten für die Paste im Mörser zu einer homogenen Masse zerstoßen.
**2.** Das Kokoskonzentrat in einer Pfanne bei milder Hitze langsam schmelzen lassen, dann die Gewürzpaste hinzufügen und 2 bis 3 Minuten unter Rühren darin anbraten.
**3.** Die Hühnerkeulen mit etwas Salz einreiben, in die Pfanne geben und alles vermengen. Die Kokosmilch angießen und alles mit Fischsauce, Tamarindensaft und Zucker abschmecken. Die Hühnerkeulen bei Mittelhitze offen in 30 bis 40 Minuten weichkochen, sie dabei öfter wenden.
**4.** Die Tomaten achteln und in die Pfanne geben. Die Hitze höher schalten und alles in weiteren 3 bis 4 Minuten garen.

**kai tung**

## *Hühnerragout mit Gewürzen*

Zubereitungszeit: ca. 1 Stunde

**Sie benötigen für 4 Portionen:**
1 Poularde (ca. 1,8 kg)
6 getrocknete Chilischoten
4 Schalotten (ersatzweise
1–2 Zwiebeln)
6 Knoblauchzehen
1–2 Stückchen getrocknetes
Zitronengras (ersatzweise 1 TL
gemahlenes)
1–2 Stückchen frische Galgantwurzel (ersatzweise 1 TL gemahlene)
1 TL Ingwerpulver
1 TL Korianderpulver
½ TL Zimt
je 1 TL Salz und Pfeffer
5–6 EL Öl zum Braten
400 ml Hühnerbrühe (siehe Seite 22)
2–3 EL Fischsauce
2–3 EL Tamarindensaft (aus
1–1½ EL Tamarindenkonzentrat)

**So wird's gemacht:**
**1.** Die Poularde in 4 bis 6 Teile
schneiden.
**2.** Die Chilischoten zerreiben, die
Schalotten pellen und fein hacken,
die Knoblauchzehen ebenfalls pellen und durchpressen. Das Zitronengras und die Galgantwurzel im
Mörser zerstampfen. Diese Zutaten
zusammen mit Ingwer, Koriander,
Zimt, Salz und Pfeffer im Mörser
fein zerreiben.
**3.** Das Öl in einer großen Pfanne
erhitzen und die Gewürzpaste
darin 1 bis 2 Minuten unter Rühren
braten.
**4.** Die Hühnerteile hinzufügen und
so lange darin wenden, bis alle
Teile von der Gewürzpaste überzogen sind.
**5.** Nun die Hühnerbrühe oder
400 ml Wasser angießen, die
Pfanne zudecken und alles in etwa
45 Minuten bei milder Hitze garen.

**6.** Sollte die Sauce dann noch
nicht eingedickt sein, das Ganze
die letzten 10 Minuten ohne
Deckel kochen lassen.
**7.** Mit der Fischsauce, dem Tamarindensaft und eventuell noch
etwas Salz abschmecken.

**kai tord**

## *Siamesische Hühnerbrüstchen*

Marinierzeit: ca. ½ Stunde
Zubereitungszeit: ca. 20 Minuten

**Sie benötigen für 4 Portionen:**
10 Knoblauchzehen
1 EL weißen Pfeffer
1–2 TL Korianderpulver
1 TL Salz
4 Hühnerbrüste (à 200 g)
reichlich Öl zum Braten

**So wird's gemacht:**
**1.** Die Knoblauchzehen pellen,
durchpressen und zusammen mit
Pfeffer, Koriander und Salz im Mörser zu einer feinen Paste zerstoßen. Die Hühnerbrüste damit einreiben und ½ Stunde durchziehen
lassen.
**2.** Das Öl in einer tiefen Pfanne
sehr heiß werden lassen und die
Hühnerbrüste darin jeweils von
beiden Seiten scharf anbraten.
Dann die Hitze zurückschalten und
das Fleisch bei milder Hitze unter
häufigem Wenden durchbraten.
Servieren Sie dazu scharfe Sauce
und süße Fischsauce (siehe
Seite 22 und 23).

**gaeng ped supparot**

## *Gebratene Ente mit Ananas*

Zubereitungszeit: ca. 2 Stunden

**Sie benötigen für 2–3 Portionen:**
1 Ente (ca. 2 kg)
80 g konzentrierte Kokoscreme
(Santen; siehe Seite 15)
2–3 EL rote Gewürzpaste
(siehe Seite 24)
200 g frische Ananas
200 g Bambussprossen (Dose)
2–3 EL Fischsauce
1 EL Zucker
Saft von ½ Zitrone
3 EL getrocknete Horapablätter
(ersatzweise Basilikum)

**So wird's gemacht:**
**1.** Den Backofen auf 250 °C vorheizen. Die Ente zerteilen: Zuerst
die Flügel, dann die Keulen in den
Gelenken abtrennen. Zum Schluß
die zwei Brustfilets mit einem
scharfen Messer von den Knochen
lösen. Überhängende Fett- und
Hautteile entfernen.
**2.** Die Ententeile in einen Bräter
geben, 1 Tasse Wasser dazugießen
und das Fleisch im Ofen in etwa
45 Minuten vorbraten, dabei ab
und zu wenden. Dann das Fett ab-
gießen und die Ententeile häuten.
**3.** Die Kokoscreme zusammen mit
400 ml Wasser in eine Pfanne
geben und bei milder Hitze
schmelzen lassen. Die Gewürzpaste hinzufügen und umrühren.
**4.** Die Ententeile in die Kokosmilch
geben und zugedeckt etwa
45 Minuten köcheln lassen, dabei
öfter wenden.
**5.** Ananas und Bambussprossen
würfeln und zusammen mit der
Fischsauce, dem Zucker und dem
Zitronensaft 15 Minuten vor Ende
der Garzeit in die Pfanne geben.
**6.** Die Horapablätter zerreiben und
über das Gericht streuen.

**gaeng keo wan pet**

## *Grünes Entencurry*

Zubereitungszeit: ca. 2 Stunden

**Sie benötigen für 4 Portionen:**

1 bratfertige Ente ohne
Innereien (ca. 2,2 kg)

3 EL Öl

5 EL grüne Gewürzpaste
(siehe Seite 25)

ca. 1 l Kokosmilch (siehe Seite 15)

Salz

8 Zitronenblätter

1–2 Stückchen Zitronengras (ca. 30 g:
ersatzweise 1 EL gemahlenes)

2 EL Fischsauce

3 grüne Paprikaschoten

8–10 Horapablätter (ersatzweise
frisches Basilikum)

½ Handvoll Koriandergrün

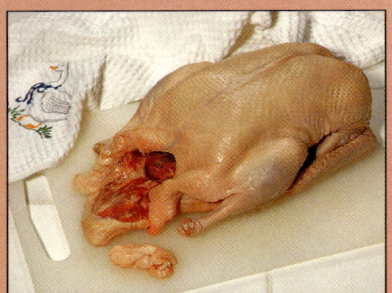
Alles sichtbare Fett entfernen

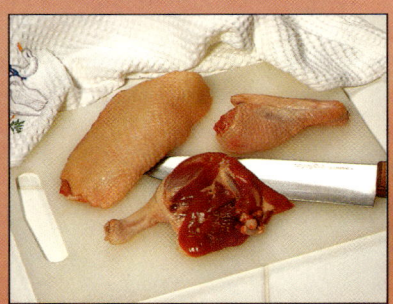
Die Ente zerteilen

**So wird's gemacht:**

**1.** Die Ente von allem sichtbaren
Fett befreien und in 6 bis 8 Stücke
hacken.

**2.** Das Öl in einer großen Pfanne
erhitzen und die Ententeile darin
von allen Seiten scharf anbraten.

**3.** Die Chilipaste hinzufügen und
alles unter Rühren weitere 2 bis
3 Minuten braten.

**4.** Nun die Kokosmilch angießen,
das Gericht salzen und Zitronenblätter, Zitronengras und Fischsauce hineingeben. Alles halb
zugedeckt 45 bis 60 Minuten köcheln lassen, bis das Entenfleisch
sehr weich und die Kokosmilch etwas eingedickt ist.

**5.** Die Paprikaschoten putzen und
würfeln. Zu den Entenstücken geben und offen in weiterer 4 bis
5 Minuten garen. Sollte die Sauce
zu dick werden, etwas Kokosmilch
oder Wasser hinzufügen.

**6.** Die Pfanne vom Feuer nehmen
und einige Zeit stehen lassen, das
Gericht dann entfetten. Alles
wieder aufs Feuer stellen und
erwärmen.

**7.** Die Horapablätter hinzufügen,
eventuell nochmals mit Fischsauce
abschmecken und mit Koriander-
blättern bestreuen.

**tab kai kab hed**

## *Hühnerleber mit Pilzen*

Quellzeit: ca. 1 Stunde
Zubereitungszeit: ca. ½ Stunde

**Sie benötigen für 3–4 Portionen:**
6 getrocknete Mu-Err-Pilze (auch
Wolkenohrpilze oder chinesische
Morcheln genannt)
6 getrocknete Tongupilze (auch
Shiitakepilze oder chinesische
Champignons genannt)
2 TL Zucker

2 EL Essig
50 g frischen Ingwer
100 g Frühlingszwiebeln
100 g Lauch
1 große Zwiebel
4 frische rote Chilischoten
1 kleine rote Paprikaschote
1 kleine grüne Paprikaschote
500 g Hühnerlebern
4 EL Öl
2–3 EL Fischsauce
eventuell Salz

**So wird's gemacht:**

**1.** Die Pilze getrennt in lauwarmem Wasser einweichen: Die Mu-
Err-Pilze etwa 1 Stunde, die Tongupilze 15 Minuten quellen lassen.
Die Mu Err unter fließendem Wasser abspülen. Das Einweichwasser
der Tongupilze aufheben. Die harten Stiele der Tongupilze abschneiden und alle Pilze in Streifen
schneiden.

**2.** Zucker und Essig vermischen
und beiseite stellen.
**3.** Den Ingwer schälen und fein
hacken. Frühlingszwiebeln und
Lauch putzen und in etwa ½ cm
dicke Scheibchen schneiden. Die
Zwiebel pellen und fein hacken,
die Chilischoten entkernen und in
dünne Ringe schneiden, die Paprikaschoten putzen und fein würfeln. Die Hühnerlebern in mundgerechte Stücke schneiden.
**4.** Das Öl in einer großen Pfanne
erhitzen und die Zwiebel darin
goldbraun anrösten. Ingwer, Frühlingszwiebeln, Lauch, Chilischoten,
Pilze und Paprika hinzufügen und
alles unter Rühren 3 bis 4 Minuten
braten.
**5.** Die Leberstückchen in die
Pfanne geben und kurz anbraten,
dann die Zucker-Essig-Mischung
sowie 3 bis 4 Eßlöffel von dem
Einweichwasser der Tongupilze
dazugießen und alles in wenigen
Minuten garen. Mit der Fischsauce
abschmecken und eventuell mit
Salz nachwürzen.

# Gerichte mit Fisch und Meeresfrüchten

In diesem Kapitel ist für jeden Geschmack etwas dabei, denn gerade Fisch und Meeresfrüchte lassen sich äußerst vielfältig zubereiten. Die Garzeiten sind immer kurz, dadurch bleiben Geschmack und Vitamine erhalten. Auch zu diesen Gerichten wird stets weißer Reis serviert.

**muang li**

## *Gebratener Seehecht mit Mangosauce*

Zubereitungszeit: ca. 45 Minuten

**Sie benötigen für 4–6 Portionen:**

**Für die Sauce:**

| |
|---|
| 2 noch unreife grüne Mangos |
| 1 kleine Zwiebel |
| 2 frische rote Chilischoten |
| 4 EL Fischsauce |
| 2–3 EL Zucker |
| 125 g getrocknete Kokosflocken |
| 4 EL getrocknete Krabben |
| (ersatzweise 2–3 EL Krabbenpaste) |
| 40 g Cashewnüsse |
| 3–4 kleine getrocknete Chilischoten |

**Für den Fisch:**

| |
|---|
| 1 ausgenommenen Seehecht |
| (ca. 1 kg) oder 800 g in Scheiben |
| ca. 10 EL Mehl |
| je 1 TL Salz und Pfeffer |
| reichlich Öl zum Braten |

**Außerdem:**

| |
|---|
| einige Salatblätter |
| 4 Tomaten |
| ½ Salatgurke |

**So wird's gemacht:**
**1.** Für die Sauce die Mangos schälen, die Kerne herauslösen und das Fruchtfleisch fein hacken. Die Zwiebel pellen und fein würfeln, die Chilischoten entkernen und in dünne Ringe schneiden. Alles gut miteinander mischen und mit Fischsauce und Zucker abschmecken.
**2.** Die Kokosflocken in einer Pfanne ohne Zugabe von Fett goldbraun rösten und mit den Mangos mischen. Die Cashewnüsse im Ganzen ebenfalls in einer Pfanne ohne Fett anrösten und dazugeben. Die getrockneten Chilischoten zerreiben und über die Sauce streuen.

**3.** Den Seehecht abspülen und gut trockentupfen.

**4.** Mehl, Salz und Pfeffer mischen und mit wenig kaltem Wasser zu einem festen, aber noch klebrigen Teig verrühren. Den Fisch damit rundherum bestreichen (unten).

**5.** Soviel Öl in eine Pfanne oder einem Fischbräter geben, daß es 1 cm hoch steht. Den Fisch darin von jeder Seite in 12 bis 15 Minuten knusprig braten.
**6.** Die Tomaten achteln, die Gurke schälen und in nicht zu dünne Scheiben schneiden. Die Salatblätter auf einer Servierplatte anrichten, den gebratenen Fisch darauf legen und mit Gurkenscheiben und Tomatenachteln umlegen. Die Sauce extra dazu reichen.

**pla kaphong kao neung si lu**

## *Gedünsteter Seebarsch in Sojasauce*

Zubereitungszeit: ca. 40 Minuten

**Sie benötigen für 3–4 Portionen:**

| |
|---|
| 5 getrocknete Tongupilze (auch Shiitakepilze oder chinesische Champignons genannt) |
| 1 ausgenommenen und geschuppten Seebarsch (ca. 800 g; ersatzweise Kabeljau oder Rotbarsch) |
| 100 ml chinesische Sojasauce |
| 1 EL Zucker |
| 30 g fetten, geräucherten Speck |
| 2–3 Frühlingszwiebeln |

**So wird's gemacht:**
**1.** Die Tongupilze in lauwarmem Wasser etwa 15 Minuten quellen lassen. Den Fisch abspülen und in einen länglichen Topf legen.
**2.** Die Pilze abtropfen lassen, die Stiele entfernen und die Pilze in schmale Streifen schneiden.
**3.** Die Sojasauce mit dem Zucker verrühren. Den Speck in schmale Streifen schneiden, die Frühlingszwiebeln putzen und in etwa 1 cm dicke Stücke schneiden.
**4.** Die Soja-Zucker-Mischung über den Fisch gießen, Speck, Frühlingszwiebeln und Pilze darüber verteilen. Den Topf verschließen und den Fisch bei sehr milder Hitze etwa 20 Minuten dünsten, dabei einmal wenden. Eventuell etwas Wasser angießen.

**pla sawan thot**

## *Thailändische Fischkroketten*

Zubereitungszeit: ca. 40 Minuten

**Sie benötigen für 3–4 Portionen:**

| |
|---|
| 1 Zwiebel |
| 4 Knoblauchzehen |
| 500 g Fischfilet (Seebarsch, Dorsch, Rotbarsch oder Kabeljau) |
| 1 TL Salz |
| 1 TL Pfeffer |
| 1 Ei |
| 3–4 EL Mehl |
| 50–80 g frisch geriebene Semmelbrösel |
| Öl zum Braten |

**Für die Sauce:**

| |
|---|
| 4 EL Rotweinessig |
| 1–2 EL Zucker |
| ½ TL Salz |
| 1 Msp. Cayennepfeffer (oder mehr) |

**So wird's gemacht:**

**1.** Die Zwiebel und die Knoblauchzehen pellen. Das Fischfilet in große Stücke schneiden und portionsweise zusammen mit den Zwiebeln und den Knoblauchzehen pürieren.

**2.** Die Fischmasse in eine Schüssel geben, Salz, Pfeffer, das Ei und so viel Mehl hinzufügen, daß ein fester formbarer Teig entsteht.

**3.** Den Teig mit den Händen zu kleinen Frikadellen oder etwa 10 cm langen Stäbchen formen, sie in den Brotkrumen wälzen und in reichlich heißem Öl von beiden Seiten knusprig braun braten.

**4.** Den Essig mit Zucker, Salz und Cayennepfeffer verrühren. Die gebratenen Fischkroketten auf einer Platte anrichten und die Sauce extra dazu reichen.

**pla kao rat prik**

## Gebratener Dorsch mit Zwiebel-Chili-Sauce

Zubereitungszeit: ca. 40 Minuten

**Sie benötigen für 2–3 Portionen:**

2–3 Zwiebeln

8 Knoblauchzehen

4–5 getrocknete Chilischoten

1–2 EL  gehacktes Koriandergrün

3 EL Tamarindensaft (aus 2 EL Tamarindenkonzentrat)

1 EL Palmzucker (ersatzweise Haushaltszucker)

2–3 EL Fischsauce

1 ausgenommenen Dorsch (ca. 800 g) oder 500 g Filet

Salz

Öl zum Braten

**So wird's gemacht:**

**1.** Für die Sauce die Zwiebeln pellen und sehr fein hacken, die Knoblauchzehen ebenfalls pellen und durchpressen, die Chilischoten zerreiben. Alles in 3 Eßlöffeln heißem Öl braten, aber nicht braun werden lassen.

**2.** Wenn die Zwiebeln weich sind, Koriandergrün, Tamarindensaft, Zucker und Fischsauce hinzufügen, umrühren und bei Bedarf mit etwas Salz abschmecken. Normalerweise dürfte die Sauce aber schon durch die Fischsauce salzig genug sein.

**3.** Den Dorsch unter fließendem Wasser abspülen und trockentupfen. Mit ein wenig Salz einreiben und in einer flachen beschichteten Pfanne in nicht zu wenig Öl auf jeder Seite ungefähr 10 Minuten braten.

**4.** Den Dorsch auf einer Platte anrichten und die Sauce getrennt dazu reichen.

## Tip
Diese Sauce paßt auch sehr gut zu anderem gebratenem Fischfilet.

## pla too tord

### Gebratener Fisch auf Thai Art

Zubereitungszeit: ca. 15 Minuten

**Sie benötigen für 4 Portionen:**

4 frische ausgenommene Heringe
oder Makrelen (je 300–400 g)

1 TL Kurkumapulver

Salz

reichlich Öl zum Braten

**So wird's gemacht:**

**1.** Die Fische gründlich unter fließendem Wasser waschen.
**2.** Das Kurkumapulver mit Salz
mischen und die Fische damit
außen einreiben.
**3.** Reichlich Öl in einer tiefen
Pfanne erhitzen und die Fische
darin nacheinander (oder höch-
stens zwei auf einmal) knusprig
braten – das dauert für jede Seite
etwa 2 Minuten. Herausnehmen,
abtropfen lassen und warm
stellen. Dazu scharfe
Sauce (Seite 22)
servieren.

## pla jalamet kao op lao daeng

### Butterfisch mit Weinsauce

Zubereitungszeit: ca. 20 Minuten

**Sie benötigen für 2 Portionen:**

1 ausgenommenen Butterfisch
(ca. 700 g; ersatzweise Seezunge
oder Heilbutt)

2 EL Mehl

Salz

100 ml Öl zum Braten

**Für die Sauce:**

150 ml Hühnerbrühe (siehe Seite 22)

1 kleine Zwiebel

4 Knoblauchzehen

2 EL Ketchup

3 EL Rotwein

1 EL Zucker

**So wird's gemacht:**

**1.** Den Fisch unter fließendem
Wasser abspülen und trockentupfen. Das Fleisch mit einem scharfen
Messer auf beiden Seiten alle 3 cm
einkerben. Das Mehl mit 2 bis 3
Eßlöffeln Wasser und etwas Salz zu
einem festen, noch klebrigen Teig
verrühren und den Fisch damit
rundherum bestreichen.
**2.** Die Hühnerbrühe zum Kochen
bringen. Die Zwiebel und die
Knoblauchzehen pellen, fein hakken und in die Brühe geben.
Ketchup, Wein, Zucker und 1/2 Teelöffel Salz hinzufügen und alles
einige Minuten köcheln lassen.

**3.** Das Öl in einer tiefen Pfanne sehr heiß werden lassen und den Fisch darin auf jeder Seite 3 bis 4 Minuten goldbraun braten.
**4.** Den Fisch mit der Sauce übergießen und servieren.

pla jalamet kao thot

## *Gebratener Butterfisch*

Zubereitungszeit: ca. 20 Minuten

**Sie benötigen für 3–4 Portionen:**

1 ausgenommenen Butterfisch (ca. 1 kg; ersatzweise Seezunge oder Heilbutt)

2 EL Tapiokamehl (ersatzweise Weizenmehl)

1 TL Salz, 100 ml Öl

**Für die Sauce:**

2 Schalotten

2 Knoblauchzehen

2–3 getrocknete Chilischoten

2 EL Zitronensaft

2 EL Fischsauce

**So wird's gemacht:**
**1.** Den Fisch waschen. Das Fleisch mit einem scharfen Messer auf beiden Seiten alle 2 bis 3 cm einkerben. Das Mehl mit dem Salz mischen und den Fisch darin wälzen. Überschüssiges Mehl abklopfen.
**2.** Für die Sauce die Schalotten pellen und fein würfeln, die Knoblauchzehen ebenfalls pellen und durchpressen, die Chilischoten zerreiben. Diese Zutaten mit dem Zitronensaft und der Fischsauce verrühren.
**3.** Das Öl in einer Pfanne erhitzen und den Fisch darin von beiden Seiten goldbraun braten. Mit der Sauce begießen.

pla jalamet khao neung kiam buai

## *Butterfisch mit Pilzen*

Zubereitungszeit: ca. 1 Stunde

**Sie benötigen für 3–4 Portionen:**

6 getrocknete Tongupilze (auch Shiitakepilze oder chinesische Champignons genannt)

1 ausgenommenen Butterfisch (ca. 1 kg; ersatzweise Seezunge oder Heilbutt oder 600–700 g Filet)

Öl für die Form

2–3 chinesische eingelegte Pflaumen (ersatzweise 1 EL Pflaumen- oder Hoisinsauce)

100 g geräucherten fetten Speck

1 Stück frischen geschälten Ingwer (20 g)

100 g Stangensellerie

2 EL Fischsauce

½ TL Cayennepfeffer

**So wird's gemacht:**

**1.** Die Pilze in lauwarmem Wasser etwa 15 Minuten quellen lassen. Den Fisch abspülen, trockentupfen und mit einem scharfen Messer auf beiden Seiten alle 3 cm einkerben. Den Fisch in eine mit Öl ausgepinselte feuerfeste Form legen.

**2.** Nun die Pilze abtropfen lassen, das Einweichwasser nicht wegschütten. Die Stiele der Pilze entfernen und die Pilze in Streifen schneiden.

**3.** Die Pflaumen, den Speck, den Ingwer und den Sellerie fein würfeln.

**4.** Alle Zutaten mit der Fischsauce, dem Cayennepfeffer und 3 Eßlöffeln der Pilzeinweichflüssigkeit mischen und auf dem Fisch verteilen.

**5.** Die Form verschließen, in den Dämpftopf stellen und den Fisch in 15-20 Minuten (oder bei 250 °C im vorgeheizten Ofen im Wasserbad) garen.

**pla chien**

## *Gebratene Fischfilets mit Ingwer*

Zubereitungszeit: ca. ½ Stunde

**Sie benötigen für 4 Portionen:**

| |
|---|
| 800–1000 g Fischfilets (Dorsch, Kabeljau oder Seezunge) |
| Salz |
| 150 ml Öl |
| 50 g frischen Ingwer |
| 6 Knoblauchzehen |
| 2 EL Palmzucker (ersatzweise braunen Zucker) |
| 3 EL Fischsauce |
| 4 EL Tamarindensaft (aus 2 EL Tamarindenkonzentrat) |
| 2 Zwiebeln |
| ½ Handvoll Koriandergrün |

**So wird's gemacht:**

**1.** Die Fischfilets mit etwas Salz einreiben. Das Öl in einer großen Pfanne erhitzen und die Filets darin auf beiden Seiten goldbraun braten. Auf Küchenpapier abtropfen lassen. Das heiße Öl bis auf 2 bis 3 Eßlöffel aus der Pfanne gießen.

**2.** Den Ingwer schälen und sehr fein hacken, die Knoblauchzehen pellen und durchpressen. Zuerst den Ingwer in dem verbliebenen Öl 1 Minute unter Rühren braten, dann den Knoblauch dazugeben und 1 weitere Minute bei Mittelhitze braten.

**3.** Nun Zucker, Fischsauce und Tamarindensaft hinzufügen, alles auf kleiner Flamme so lange köcheln lassen, bis sich der Zucker aufgelöst hat. Eventuell etwas Wasser in die Pfanne geben.

**4.** Die Zwiebeln pellen, fein würfeln und in einer zweiten Pfanne in etwas Öl goldbraun braten.

**5.** Die Fischfilets zurück in die erste Pfanne legen und 1 Minute in der Sauce ziehen lassen.

**6.** Die Fischfilets auf vorgewärmten Tellern anrichten, mit der Sauce begießen und mit den gebratenen Zwiebeln und Korianderblättchen bestreuen.

### *Tip*

Koriandergrün oder Cilantro kann man auf gut sortierten Märkten oder im Gemüsefachhandel kaufen. Sie können es aber auch selbstziehen (sehen Sie dazu die Beschreibung auf Seite 19).

**pla kutsalat neung si lu**

## *Gedämpfte Zahnbrasse*

Zubereitungszeit: ca. 25 Minuten

**Sie benötigen für 2–3 Portionen:**
1 ausgenommene geschuppte
Zahnbrasse (ca. 800 g)
1 Stückchen frischen Ingwer (20 g)
2 getrocknete Chilischoten
3 Frühlingszwiebeln
2 EL Austernsauce
2 EL Sojasauce
1 TL Zucker
½ TL weißen Pfeffer
½ TL Korianderpulver
Salz

**So wird's gemacht:**
**1.** Die Zahnbrasse innen und
außen waschen und auf einen feuerfesten Teller legen. Den Teller in
den Dämpftopf stellen und den
Fisch ungefähr 8 Minuten
dämpfen.
**2.** Den Ingwer schälen und fein
hacken oder reiben, die Chilischoten zerreiben, die Frühlingszwiebeln putzen und grob hacken.
Diese mit allen anderen Zutaten
mischen und über den Fisch
geben.
**3.** Alles weitere 5 bis 8 Minuten
dämpfen.

### *Anmerkung*
Man kann den Fisch auch zusam-
men mit allen Zutaten in ein Stück
Alufolie wickeln und im Ofen im
Wasserbad, also in der mit Wasser
gefüllten Fettpfanne, garen.

**pla o yang si lu**

## *Gebratener Thunfisch mit Sojasauce*

Zubereitungszeit: ca. 20 Minuten

**Sie benötigen für 2 Portionen:**
1 kleinen ausgenommenen Thunfisch (ca. 500 g)
100 ml Öl
3–4 EL Sojasauce
3 Tomaten
½ Salatgurke
2 Frühlingszwiebeln
½ Handvoll Koriandergrün

**So wird's gemacht:**
**1.** Den Fisch abspülen und trok-
kentupfen. Das Öl in einer Pfanne
(am besten in einer beschichteten)
erhitzen und den Fisch darin auf
beiden Seiten knusprig braun
braten.
**2.** Den Fisch auf eine Platte legen
und mit der Sojasauce beträufeln.
**3.** Die Tomaten und die Gurken in
Scheiben schneiden, die Frühlingszwiebeln putzen und hacken (nur
das Weiße und Hellgrüne verwenden). Die Tomaten- und Gurkenscheiben um den Fisch herum
verteilen und die Frühlingszwiebeln und die Korianderblättchen
darüberstreuen.

### *Variation*
Man kann dieses Gericht auch mit
Fischfilet zubereiten.
Anstelle eines kleinen Thunfisches
kann man auch eine Scheibe von
einem größeren nehmen.

**pla samli rom khwan**

## *Geräucherter Seehecht*

Zubereitungszeit: ca. 40 Minuten

**Sie benötigen für 2 Portionen:**
1 ausgenommenen Seehecht
(ca. 500 g; oder 2 kleinere, je
nach Größe des Räucherofens)
Räuchermehl (aus dem Fachhandel
oder Anglerfachgeschäft) und die
kleingehackte innere braune
Schale einer Kokosnuß
3–4 frische rote Chilischoten
3–4 Knoblauchzehen
3 EL Limettensaft
3 EL Tamarindensaft (aus
1½ EL Tamarindenkonzentrat)
½ TL Salz
1 TL Zucker

**So wird's gemacht:**
**1.** Den Fisch oder die Fische
waschen und gut trockentupfen.
**2.** Das Räuchermehl mit den
Kokosschalen gut mischen und in
den Räucherofen füllen. Den Fisch
auf einem Rost 15 cm über dem
Räuchermehl in den Ofen hängen
und etwa 25 Minuten räuchern,
dabei alle 5 Minuten wenden. Der
Fisch ist gar, wenn kein Blut mehr
zu sehen ist, sobald man ihn mit
einem Messer leicht anstickt.
**3.** Die Chilischoten entkernen und
fein hacken, die Knoblauchzehen
pellen und durchpressen. Beides
mit Limetten- und Tamarindensaft,
Salz und Zucker vermengen und
zum Fisch servieren.

### *Variation*
Statt des Seehechtes können Sie
auch einen Hering, eine Makrele
oder sogar eine Forelle nehmen.

pla kao phat haeng

## *Dorsch mit Cashewdressing*

Zubereitungszeit: ca. ½ Stunde

**Sie benötigen für 4 Portionen:**

**Für die Sauce:**

3 getrocknete Tongupilze (auch
Shiitakepilze oder chinesische
Champignons genannt)
3 kleine Möhren
1 Zwiebel
100 g gekochten Schinken
4–6 kleine junge Maiskölbchen
(aus dem Glas „naturell" eingelegt;
ersatzweise 1 kleine Dose
Maiskörner)
40 g Cashewnüsse
3 EL Sojasauce
½ TL Pfeffer
Salz

**Für den Fisch:**

800 g Dorschfilet
Mehl zum Wenden
Öl zum Braten

**So wird's gemacht:**

**1.** Die Pilze in lauwarmem Wasser
etwa 15 Minuten lang quellen lassen. Die Möhren schaben und in
dünne Scheiben schneiden. Die
Zwiebel pellen und zusammen mit
dem Schinken fein würfeln. Die
Maiskölbchen abtropfen lassen.
**2.** Die Pilze abtropfen lassen, das
Einweichwasser auffangen. Die
Stiele der Pilze entfernen und die
Pilze in Streifen schneiden.
**3.** Nun die Fischfilets in dem Mehl
wenden, überschüssiges Mehl abklopfen. Öl in einer Pfanne erhitzen
und die Fischfilets darin jeweils auf
beiden Seiten knusprig goldbraun
braten. Herausnehmen und warm
stellen.

**4.** Möhren und Zwiebeln in dem
verbliebenen Öl (eventuell noch
1 bis 2 Eßlöffel hinzufügen) anbraten. Dann die Pilze, den Schinken,
die Maiskölbchen, die Sojasauce
und 3 Eßlöffel des Einweichwas-
sers der Pilze hinzufügen. Alles
5 Minuten offen köcheln lassen.
**5.** Die Cashewnüsse dazugeben,
mit dem Gemüse vermengen und
alles mit Pfeffer und Salz abschmecken. Die Fischfilets auf eine
Platte legen und mit der Sauce
übergießen.

**pla samli song khrenang**

## *Seehecht mit Mango*

Zubereitungszeit: ca. ½ Stunde

**Sie benötigen für 4 Portionen:**

**Für die Sauce:**

1 noch nicht ganz reife Mango

1 kleine Zwiebel

½ TL Salz

1 TL getrocknete Krabben
(ersatzweise Krabbenpaste)

½ TL Zucker

1 Msp.–½ TL Cayennepfeffer

**Für den Fisch:**

800 g Seehechtfilet

3 EL Fischsauce

Mehl zum Wenden

4 EL Öl zum Braten

**Außerdem:**

einige Salatblätter

**So wird's gemacht:**

**1.** Die Mango schälen, den Kern entfernen und das Fruchtfleisch sehr fein hacken oder würfeln.

**2.** Die Zwiebel pellen, fein würfeln und mit dem Fruchtfleisch gründlich vermengen. Mit Salz, zerstoßenen Krabben (oder Krabbenpaste), Zucker und Cayennepfeffer verrühren. Eventuell etwas Fischsauce hinzufügen. Die Sauce in ein Schälchen füllen.

**3.** Das Fischfilet rundherum mit der Fischsauce bestreichen und im Mehl wenden. Überschüssiges Mehl abklopfen.

**4.** Das Öl in einer Pfanne sehr heiß werden lassen und die Filets darin von beiden Seiten knusprig goldbraun braten.

**5.** Die Salatblätter auf eine Platte legen und die Fischfilets darauf anrichten. Die Sauce getrennt dazu reichen.

**pu phat phrik**

## *Taschenkrebse mit Eiern und Chilisauce*

Zubereitungszeit: ca. 1 Stunde

**Sie benötigen für 2 Portionen:**

2 (lebende) Taschenkrebse
(à ca. 800 g)
Salz
4 getrocknete Tongupilze (auch
Shiitakepilze oder chinesische
Champignons genannt)
4 Knoblauchzehen
1 kleine Dose Bambussprossen
(ca. 200 g Einwaage)
50 g Stangensellerie
2 EL Öl
80 ml Fisch- oder Hühnerbrühe
(siehe Seite 22)
2 EL chinesische Sojasauce
1 EL Ketchup
1 EL Austernsauce
3 frische rote Chilischoten
3 EL mittelscharfe Chilisauce
1 EL Zucker
2 Eier
4 EL Milch

**So wird's gemacht:**

**1.** Die Taschenkrebse kopfüber in
kochendes, leicht gesalzenes Wasser geben und 5 Minuten zugedeckt kochen. Die Krebse im Koch-
wasser etwas abkühlen lassen,
dann herausnehmen.

**2.** Die Tongupilze in lauwarmem
Wasser etwa 15 Minuten quellen
lassen. Die Krebse mit einem Messer zerteilen, die Scheren und
Beine aufbrechen und das Krebsfleisch herauslösen. Auch die
eßbaren Teile des Bauches herauslösen (siehe dazu auch die Anmerkung). Das Fleisch beiseite stellen.

**3.** Die harten Stiele der Tongupilze
entfernen und die Pilze in feine
Streifen schneiden.

**4.** Die Knoblauchzehen pellen und
durchpressen. Die Bambussprossen
abtropfen lassen und in feine Streifen schneiden. Den Stangensellerie
in Scheibchen schneiden.

**5.** Das Öl in einer Pfanne erhitzen
und Pilze, Knoblauch, Bambus und
Sellerie darin kurz anbraten. Mit
der Fisch- oder Hühnerbrühe ablöschen und Sojasauce, Ketchup und
Austernsauce hinzufügen. Alles
1 Minute köcheln lassen.

**6.** Die Chilischoten entkernen, in
dünne Ringe schneiden und dazugeben. Alles mit Chilisauce und
Zucker abschmecken.

**7.** Nun das Krebsfleisch hinzufügen und erwärmen. Die Eier mit
der Milch verquirlen, leicht salzen,
in die Pfanne gießen und unter
gelegentlichem Rühren stocken
lassen.

### Anmerkung

In Thailand werden die ganzen (le-
bendigen) Taschenkrebse zerhackt.
Der Panzer wird entfernt und die
Innereien, Beine und Scheren werden zusammen mit den im Rezept
angegebenen Zutaten in der
Pfanne gegart. Man lutscht dann
die Beine und Scheren aus. Da es
hierzulande sicher nicht jeder-
manns Sache ist und es gegen das
Tierschutzgesetz verstößt, ein
lebendiges Tier zu zerhacken, habe
ich die Rezepte mit Taschenkrebsen dahingehend verändert, daß
man zunächst die Tiere in kochendem Wasser tötet und dann weiterverarbeitet – und zwar ausge-
löst und ohne die Innereien aus
dem Krebsbauch. Wer diese Innereien aber gerne ißt, kann sie
selbstverständlich hinzufügen,
sollte aber dann die anderen Zutaten verdoppeln. Dann können
auch vier Personen von dem Gericht satt werden.

Die gekochten Krebse zerteilen

Fleisch aus Scheren/Beinen lösen

Eßbare Teile aus dem Bauch lösen

**gaeng som pu**

## *Taschenkrebse in Tamarindensaft mit Gemüse*

Zubereitungszeit: ca. 40 Minuten

**Sie benötigen für 2 Portionen:**

2 (lebende) Taschenkrebse
(à ca. 800 g)
Salz

**Für die Chilipaste:**

5 kleine getrocknete Chilischoten
6 Knoblauchzehen
4 Schalotten (ersatzweise
1 kleine Zwiebel)
1 EL Krabbenpaste

**Außerdem:**

50 g chinesisches sauer eingelegtes
Gemüse (in Asienläden erhältlich)
100 g Bambussprossen
(aus der Dose)
150 g Chinakohl
100 g Schlangenbohnen (ersatzweise grüne Bohnen)
2–3 EL Fischsauce
4 EL Tamarindensaft (aus 2 EL
Tamarindenkonzentrat)

**So wird's gemacht:**

**1.** Die Krebse kopfüber in kochendes, leicht gesalzenes Wasser
geben und etwa 5 Minuten zugedeckt kochen lassen, dann herausnehmen und abkühlen lassen.
**2.** Für die Chilipaste die Chilischoten zerreiben, die Knoblauchzehen
pellen und durchpressen, die Schalotten ebenfalls pellen und fein
würfeln. Alles mit ½ Teelöffel Salz
und Krabbenpaste vermengen.

**3.** Die Chilipaste mit knapp
½ l Wasser verrühren, in einen Topf
geben und alles langsam zum
Kochen bringen.
**4.** Das sauer eingelegte Gemüse,
die Bambussprossen und den Chinakohl in feine Streifen, die Bohnen in 4 cm lange Stücke schneiden. Zuerst die Bohnen in den Topf
geben und 15 Minuten zugedeckt
köcheln lassen, dann das andere
Gemüse hinzufügen und in weiteren 5 Minuten garen.
**5.** Von den Krebsen die Scheren
und Beine abbrechen und das
Fleisch herauslösen (siehe dazu
auch die Anmerkung zu Rezept
Seite 104). Den Panzer in der Mitte
durchschneiden und die eßbaren
Teile herausnehmen. Das Krebsfleisch in den Topf geben.
**6.** Wenn alles heiß und gar ist, mit
Fischsauce und Tamarindensaft
abschmecken.

**phad kung**

## *Hummerkrabben mit Brokkoli*

Zubereitungszeit: ca. 25 Minuten

**Sie benötigen für 4 Portionen:**

| |
|---|
| 500 g Brokkoli |
| Salz |
| 16–20 Hummerkrabben mit Schalen |
| 4 Knoblauchzehen |
| Öl zum Braten |
| 1 EL Sojasauce |
| 1 EL Austernsauce |

**So wird's gemacht:**

**1.** Die Brokkoli putzen, in Röschen und Stiele teilen und die Stiele in etwa ½ cm dicke Scheiben schneiden. In kochendem Salzwasser zuerst die Stiele in etwa 5 Minuten, dann die Röschen in weiteren 5 Minuten garen. Gut abtropfen lassen.

**2.** Die Hummerkrabben aus den Schalen brechen und die Därme (dunkle Fäden an den Rückenseiten) entfernen. Die Knoblauchzehen pellen und durchpressen.

**3.** Etwas Öl in einer großen Pfanne heiß werden lassen und die Hummerkrabben darin auf jeder Seite 1 bis 2 Minuten unter ständigem Rühren braten.

**4.** Brokkoli und Knoblauch dazugeben und weitere 30 Sekunden unter Rühren braten. Das Gericht mit Soja- und Austernsauce abschmecken und sofort servieren.

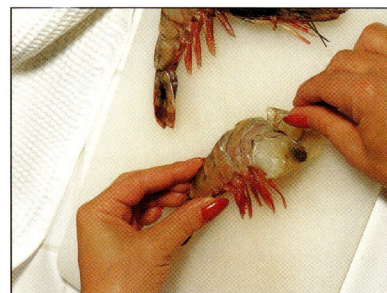

Die Hummerkrabben aus den Schalen brechen

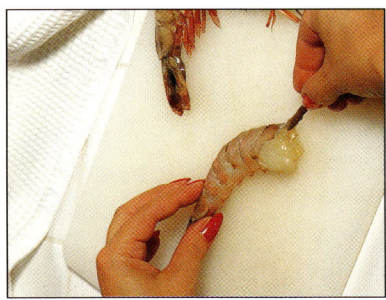

Die Därme entfernen

107

## kung aweng

### *Hummerkrabben mit eingesalzenen Bohnen*

Zubereitungszeit: ca. 15 Minuten

**Sie benötigen für 2–3 Portionen:**

800 g Hummerkrabben mit Schalen

Öl zum Braten

1 EL eingesalzene Bohnen (in Asienläden erhältlich)

2 EL Austernsauce

1 EL Zucker

1–2 EL trockenen Sherry

1 EL Sesamöl

**So wird's gemacht:**

**1.** Die Hummerkrabben aus den Schalen brechen, aber die Schwanzflossen daranlassen. Die Därme (dunkle Fäden an den Rückenseiten) entfernen.

**2.** 2 bis 3 Eßlöffel Öl in einer Pfanne erhitzen und die Hummerkrabben darin etwa 2 Minuten auf jeder Seite goldbraun braten.

**3.** In einer anderen Pfanne ebenfalls 2 bis 3 Eßlöffel Öl erhitzen und die eingesalzenen Bohnen darin kurz braten. Austernsauce, Zucker, Sherry und Sesamöl hinzufügen und alles 1 bis 2 Minuten unter Rühren braten.

**4.** Die Hummerkrabben in die Sauce legen und darin wenden, bis sie von der Sauce überzogen sind.

## kung kula dam neung si lu

### *Gedämpfte Hummerkrabben mit Sojasauce*

Zubereitungszeit: ca. 15 Minuten

**Sie benötigen für 2 Portionen:**

12 Hummerkrabben mit Schalen

2 Knoblauchzehen

2 EL gehacktes Koriandergrün

2 EL Austernsauce

3 EL Sojasauce

1 Msp. weißen Pfeffer

2 Frühlingszwiebeln

**So wird's gemacht:**

**1.** Die Hummerkrabben aus den Schalen brechen und die Därme (dunkle Fäden an den Rückenseiten) entfernen. Die Krabben auf einen feuerfesten Teller legen.

**2.** Die Knoblauchzehen pellen, durchpressen und mit dem Koriandergrün, der Austern- und der Sojasauce sowie dem Pfeffer mischen. Über die Hummerkrabben geben, den Teller 10 Minuten in den Dämpftopf stellen und die Krabben dämpfen. (Wer keinen Dämpftopf hat, kann den Teller auch mit Alufolie verschließen und die Krabben im auf 200 °C vorgeheizten Ofen im Wasserbad garen.)

**3.** Die Frühlingszwiebeln fein hacken (nur das Weiße und Hellgrüne verwenden) und über das fertige Gericht streuen.

kung chae nam pla

## *Rohe Hummerkrabben mit Fischsauce*

Zubereitungszeit (ohne Kühlzeit):
ca. 15 Minuten

**Sie benötigen für 2 Portionen:**

10–12 sehr frische Hummerkrabben mit Schalen

6 Knoblauchzehen

2–6 frische rote Chilischoten

2 EL gehacktes Koriandergrün

2 EL Fischsauce

2 EL Limettensaft (ersatzweise
Zitronensaft)

1 TL Zucker

Salz

1 EL gehackte Minze

**So wird's gemacht:**

**1.** Die Hummerkrabben aus den
Schalen brechen, aber die
Schwanzflossen daranlassen. Die
Därme (dunkle Fäden an den
Rückenseiten) entfernen. Die Hum-
merkrabben auf einem Teller kreis-
förmig anrichten. Kalt stellen.

**2.** 4 Knoblauchzehen pellen und
ganz zwischen die Hummerkrabben legen.

**3.** Die restlichen Knoblauchzehen
ebenfalls pellen und durchpressen.
Die Chilischoten entkernen und in
dünne Ringe schneiden. Beides mit
Koriandergrün, Fischsauce, Limettensaft, Zucker, etwas Salz und
Minze mischen. Kalt stellen.

**4.** Die Sauce erst kurz vor dem
Servieren über den Hummerkrabben verteilen.

**kung phat khi mao yot maphrao on**

## *Hummerkrabben mit Palmherzen*

Zubereitungszeit: ca. 20 Minuten

**Sie benötigen für 2 Portionen:**

10–12 geschälte Hummerkrabben
6 Knoblauchzehen
2–6 frische rote Chilischoten
½ TL Korianderpulver
Öl zum Braten
1 kleine Dose Palmherzen
(ca. 250 g Einwaage)
1 EL Fischsauce
1 EL Austernsauce
1 TL Zucker
Salz
100 ml Fischbrühe (selbstgekocht, siehe Seite 22 oder aus dem Glas)
1 Handvoll Horapablätter oder Koriandergrün

**So wird's gemacht:**

**1.** Die Därme der Hummerkrabben entfernen (dunkle Fäden an den Rückenseiten). Die Knoblauch-zehen pellen und durchpressen, die Chilischoten entkernen und fein hacken.
**2.** Knoblauch, Chilischoten und Koriander im Mörser fein zersto-ßen und in heißem Öl 1 Minute unter Rühren braten.
**3.** Die Hummerkrabben hinzufü-gen und in der Gewürzmischung wenden.
**4.** Die Palmherzen abtropfen lassen und in 1 cm dicke Scheiben schneiden. Zu den Hummerkrab-ben geben und heiß werden lassen.
**5.** Nun Fisch- und Austernsauce, Zucker, Salz und Fischbrühe hinzu-fügen und alles 1 bis 2 Minuten köcheln lassen. Mit Horapablät-tern oder Korianderblättchen bestreuen.

**thale suan kaeo**

## *Süß-saure Meeresfrüchte*

Zubereitungszeit: ca. 45 Minuten

**Sie benötigen für 4 Portionen:**

200 g Hummerkrabben mit Schalen
500 g frische Miesmuscheln
500 g Goldbarschfilet (ersatzweise Rotbarsch oder Kabeljau)
200 g frischen küchenfertigen Tintenfisch
Salz
2 EL Butter
2–3 EL Mehl
300 ml Fischbrühe (selbstgekocht, siehe Seite 22 oder aus dem Glas)
1 TL weißen Pfeffer
1–2 TL Zucker
3 EL Fischsauce
3 EL Ketchup
1 grüne Paprikaschote
3 Tomaten
150 g frische Ananas (ersatzweise ungezuckerte aus der Dose)
2 Zwiebeln
Öl zum Braten

**So wird's gemacht:**

**1.** Die Hummerkrabben aus den Schalen brechen und die Därme (dunkle Fäden an den Rückensei-ten) entfernen. Die Muscheln ab-bürsten und die Bärte (Haftfäden) herausziehen. Offene Muscheln entfernen.
**2.** Das Fischfilet in große Würfel, den Tintenfisch in Streifen schnei-den. Alles in wenig gesalzenem Wasser nacheinander dünsten (Tintenfisch 15 Minuten, Muscheln 10 Minuten, Fisch 5 Minuten, Krabben 2 Minuten). Die Muscheln sollten geöffnet sein – geschlos-sene entfernen.
**3.** Die Butter in einem großen Topf schmelzen lassen, das Mehl hin-einrühren und 1 bis 2 Minuten anschwitzen. Mit der Fischbrühe ablöschen und mit Salz, Pfeffer, Zucker, Fischsauce und Ketchup abschmecken.
**4.** Die Paprikaschote, die Tomaten und die Ananas würfeln, die Zwie-

beln pellen, halbieren und in dünne Scheiben schneiden.

**5.** Ananas, Paprika und Tomaten in die Sauce geben und sie unter gelegentlichem Rühren 5 Minuten köcheln lassen.

**6.** Die Miesmuscheln aus den Schalen lösen und zusammen mit den Hummerkrabben, dem Tintenfisch und dem Fischfilet in die Sauce geben. Falls diese zu dick ist, etwas Wasser hinzufügen.

**7.** Alles zusammen noch 2 bis 3 Minuten ziehen lassen. Währenddessen die Zwiebelscheiben in etwas Öl knusprig braten und über das Gericht streuen.

pla meuk thot

## *Gebackene Tintenfischringe*

Marinierzeit: ca. ½ Stunde
Zubereitungszeit: ca. 40 Minuten

### Sie benötigen für 4 Portionen:

**Für die Tintenfischringe:**

| 6 Knoblauchzehen |
| --- |
| ½ TL Salz |
| ½ TL Pfeffer |
| 4–6 EL Sojasauce |
| 800 g küchenfertige Tintenfischringe (frisch oder tiefgekühlt) |
| Tapiokamehl (ersatzweise Reis- oder Weizenmehl) |
| 200 ml Öl zum Ausbacken |

**Für die Sauce:**

| 100 ml Rotweinessig |
| --- |
| 2–3 EL Zucker |
| ½ TL Cayennepfeffer (oder mehr) |

### So wird's gemacht:

**1.** Die Knoblauchzehen pellen, durchpressen und mit Salz, Pfeffer und Sojasauce verrühren. Die Tintenfischringe darin wenden und ½ Stunde marinieren lassen.

**2.** Das Öl in einer tiefen Pfanne auf 180 °C erhitzen (oder eine Friteuse benutzen). Die Tintenfischringe in dem Mehl wenden, überschüssiges Mehl abklopfen.

**3.** Den Essig in einem kleinen Topf zum Kochen bringen, Zucker, 1 Teelöffel Salz und Cayennepfeffer hinzufügen und alles so lange kochen lassen, bis sich der Zucker aufgelöst hat.

**4.** Die Tintenfischringe in dem heißen Öl goldbraun braten, herausnehmen und abtropfen lassen. Zusammen mit der Sauce servieren.

**kaeng som ruam mit thale**

## *Meeresfrüchte im Tamarindensud*

Zubereitungszeit: ca. 1 Stunde

**Sie benötigen für 2–3 Portionen:**

**Für die Würzmischung:**
5 frische rote Chilischoten
6 Schalotten (ersatzweise
3 Zwiebeln)
10 Knoblauchzehen
1 TL Krabbenpaste
½ TL Salz
½ TL Zucker
100 ml Tamarindensaft (aus 50 ml
Tamarindenkonzentrat)

**Außerdem:**
100 g grüne Bohnen
100 g Möhren
100 g Chinakohl
6 Hummerkrabben mit Schalen
1 (lebender) Taschenkrebs
(ca. 800 g; ersatzweise 200 g
Krebsfleisch aus der Dose)
200 g frischen küchenfertigen
Tintenfisch
300 g frische Herzmuscheln
200 g Rotbarschfilet
1 Schälchen Fischsauce

**So wird's gemacht:**
**1.** Die Chilischoten entkernen und in dünne Ringe schneiden. Die Schalotten pellen und fein würfeln, die Knoblauchzehen ebenfalls pellen und durchpressen.
**2.** Alles mit Krabbenpaste, Salz, Zucker und Tamarindensaft mischen. Diese Gewürzmischung mit ½ l Wasser verrühren und zum Kochen bringen.
**3.** Die Bohnen putzen und in Stücke schneiden, die Möhren schaben und in ½ cm dicke Scheiben schneiden. Den Chinakohl in feine Streifen schneiden.

**4.** Bohnen und Möhren in das kochende gewürzte Wasser geben und in etwa 15 Minuten knapp gar kochen. Den Chinakohl hinzufügen und noch etwa 1 Minute weiterkochen lassen.
**5.** Die Hummerkrabben aus den Schalen lösen, die Därme (dunkle Fäden an den Rückenseiten) entfernen. Den Taschenkrebs kopfüber in kochendes Salzwasser geben und 5 Minuten kochen. Dann das Fleisch aus den Beinen, Scheren und dem Panzer herauslösen (siehe dazu auch die Anmerkung auf Seite 104).
**6.** Den Tintenfisch in Streifen, das Rotbarschfilet in Würfel (ca. 5 cm Kantenlänge) schneiden.
**7.** Nun zuerst die Muscheln und den Tintenfisch, dann die Hummerkrabben und zuletzt das Fischfilet in die leicht siedende Brühe geben und in 5 bis 10 Minuten garen. Die Brühe darf nicht kochen! Zum Schluß das Krebsfleisch dazugeben und alles sehr heiß servieren. Ein Schälchen Fischsauce und scharfe Sauce (siehe Seite 22 und 23) dazu reichen.

**hoi nang rom op tao si**

## *Gebackene Austern mit eingesalzenen Bohnen*

Zubereitungszeit: ca. 10 Minuten

**Sie benötigen für 2 Portionen:**
12 mittelgroße frische Austern
1 EL Schweineschmalz
4 EL eingesalzene schwarze
Bohnen (in Asienläden erhältlich)
6 Knoblauchzehen
1 Stück frischen Ingwer (20 g)
2–3 EL Koriandergrün

**So wird's gemacht:**

**1.** Die Austern abbürsten. Sie dann einzeln in einem Tuch mit der gewölbten Seite nach unten in die Hand nehmen, mit einem Austernmesser am Scharnier einstechen und es durchtrennen.

**2.** Die obere Schale abheben. Die Schalenhälften mit den Austern darin auf eine feuerfeste flache Platte legen.
**3.** Den Backofen auf 250 °C vorheizen. Das Schweineschmalz in einem kleinen Topf erhitzen und die Bohnen darin 1 bis 2 Minuten unter Rühren braten.
**4.** Den Ingwer schälen, fein reiben und hinzufügen. Diese Mischung auf den Austern verteilen.
**5.** Die Knoblauchzehen pellen, längs halbieren und neben jede Auster eine halbe Knoblauchzehe legen. Alles im Ofen etwa 5 Minuten backen.
**6.** Das Koriandergrün hacken und über die heißen Austern streuen.

# Reis- und Nudelgerichte

Die hier präsentierten Gerichte lassen sich gut mit
Resten von Fleisch, Fisch oder Gemüse zubereiten.
Zusammen mit einer Beilage oder einem Salat sind sie
eigenständige, sättigende und preiswerte Mahlzeiten.

**kao pat tamada**

## *Gemüsereis*

Quellzeit: ca. 1 Stunde
Zubereitungszeit: ca. 45 Minuten

**Sie benötigen für 4 Portionen:**

| |
|---|
| 3 Mu-Err-Pilze (auch Wolkenohrpilze oder chinesische Morcheln genannt) |
| 350 g Reis |
| 3 getrocknete Tongupilze (auch Shiitakepilze oder chinesische Champignons genannt) |
| 2 Zwiebeln |
| 5–6 Knoblauchzehen |
| 1 Stück frischen Ingwer (30 g) |
| 1 rote Paprikaschote |
| 1 grüne Paprikaschote |
| 200 g Stangensellerie |
| 150 g Bambussprossen (aus der Dose) |
| 3–4 EL Öl |
| 150 g Sojabohnensprossen |
| 3 EL Sojasauce |
| 2 EL Fischsauce |
| 1 Handvoll Koriandergrün |

**So wird's gemacht:**

**1.** Die Mu-Err-Pilze in lauwarmem Wasser etwa 1 Stunde lang quellen lassen.

**2.** Den Reis in der eineinhalbfachen Menge Wasser (525 ml) in etwa 20 Minuten gar kochen. Die Tongupilze in lauwarmem Wasser etwa 15 Minuten quellen lassen.

**3.** Inzwischen die Zwiebeln pellen und fein würfeln, die Knoblauchzehen ebenfalls pellen und durchpressen. Den Ingwer schälen und fein hacken oder reiben.

**4.** Die Paprikaschoten putzen und fein würfeln, den Sellerie in feine Scheibchen und die Bambussprossen in schmale Streifen schneiden.

**5.** Nun die Pilze abtropfen lassen. Die Stiele der Tongupilze entfernen, die Mu Err abspülen und alle Pilze in Streifen schneiden.

**6.** Das Öl in einer Pfanne erhitzen und die Zwiebeln darin hellgelb werden lassen. Knoblauch und Ingwer hinzufügen und 1 Minute unter Rühren braten.

**7.** Nun Pilze, Paprika, Sellerie, Sojabohnen- und Bambussprossen hinzufügen und alles unter Rühren 5 Minuten braten.

**8.** Den Reis daruntermischen und das Gericht mit Soja- und Fischsauce abschmecken. Mit Korianderblättchen bestreuen.

**kao man**

## *Reis in Kokosmilch*

Zubereitungszeit: ca. 25 Minuten

**Sie benötigen für 4 Portionen als Beilage:**

| |
|---|
| 300 g Reis |
| knapp 600 ml Kokosmilch (siehe Seite 15) |
| 1–2 TL Salz |
| 1 EL Zucker |

**So wird's gemacht:**

**1.** Den Reis unter fließendem Wasser gründlich spülen und abtropfen lassen.

**2.** Zusammen mit der Kokosmilch in einen Topf geben, Salz und Zucker hinzufügen und alles offen 10 Minuten sprudelnd kochen lassen.

**3.** Den Topf verschließen und den Reis auf kleinster Flamme 10 bis 15 Minuten ausquellen lassen. Dazu ißt man Papayasalat (Seite 42) oder ein beliebiges Fleisch- oder Fischgericht.

**kao pat mae klang**

## *Reis mit Erbsen und Omelettstreifen*

Zubereitungszeit: ca. 40 Minuten

**Sie benötigen für 4 Portionen:**

| |
|---|
| 350 g Reis |
| 250 g Champignons |
| Öl zum Braten |
| 250 g grüne Erbsen (frische oder tiefgekühlte) |
| 4 Eier |
| 2 EL Sojasauce |
| 2 EL Fischsauce |
| 2 EL Tamarindensaft (aus 1 EL Tamarindenkonzentrat) |
| Salz |

**So wird's gemacht:**

**1.** Den Reis in der eineinhalbfachen Menge Wasser (525 ml) in etwa 20 Minuten gar kochen.

**2.** Inzwischen die Champignons putzen, größere Pilze halbieren. Das Öl in einer Pfanne erhitzen und die Champignons darin so lange braten, bis die austretende Flüssigkeit verdampft ist. Die Erbsen hinzufügen und 1 bis 2 Minuten unter Rühren braten. Alles beiseite stellen.

**3.** Die Eier gründlich verquirlen und in einer zweiten Pfanne in 2 bis 3 Eßlöffeln Öl zu einem Omelett braten. Aus der Pfanne nehmen und in sehr feine Streifen (ca. 1/2 x 4 cm) schneiden.

**4.** Den Reis mit den Champignons und den Erbsen mischen und mit Soja- und Fischsauce sowie Tamarindensaft abschmecken. Eventuell salzen.

**5.** Den Reis in eine Schüssel füllen und mit den Omelettstreifen garnieren.

**kao pad moo sai kai**

## Gebratener Reis
## mit Fleisch und Eiern

Marinierzeit: ca. 1 Stunde
Zubereitungszeit: ca. 40 Minuten

**Sie benötigen für 4 Portionen:**

| |
|---|
| 500 g mageres Schweinefleisch oder Hühnerfleisch |
| 3 EL Sojasauce |
| 300 g Reis |
| 2 Zwiebeln |
| 2 Knoblauchzehen |
| Öl zum Braten |
| je 2 EL Ketchup und Sojasauce |
| 2–4 getrocknete Chilischoten |
| 4 Eier |
| 1 Salatgurke |
| 4 Frühlingszwiebeln |
| 4 Tomaten |
| 3 EL gehacktes Koriandergrün |

**So wird's gemacht:**
**1.** Das Fleisch in schmale Streifen schneiden, mit der Sojasauce vermengen und 1 Stunde marinieren lassen.
**2.** Den Reis in der eineinhalbfachen Menge Wasser (450 ml) in etwa 20 Minuten gar kochen.
**3.** Inzwischen die Zwiebeln pellen und in Ringe schneiden, die Knoblauchzehen ebenfalls pellen und durchpressen. 3 Eßlöffel Öl in einer Pfanne erhitzen und die Zwiebel darin hellgelb braten. Dann den Knoblauch und die Fleischstreifen hinzufügen und alles 3 bis 4 Minuten unter Rühren braten.
**4.** Nun Ketchup, Sojasauce, zerriebene Chilischoten und den Reis hinzufügen. Alles gut miteinander vermengen.
**5.** Die Eier verquirlen und in etwas Öl unter Rühren braten. In die Reispfanne geben und gut mit den anderen Zutaten mischen.

**6.** Die Gurke schälen und in nicht zu dünne Scheiben schneiden, die Frühlingszwiebeln putzen und in 5 cm lange Stücke schneiden. Die Tomaten in Achtel oder in Scheiben schneiden.
**7.** Das Koriandergrün über das Reisgericht streuen und es zusammen mit Gurken, Frühlingszwiebeln und Tomaten servieren.

**kao na prik neua**

## *Reis mit Rindfleisch*

Marinierzeit: ca. 1 Stunde
Zubereitungszeit: ca. 40 Minuten

**Sie benötigen für 4 Portionen:**

| |
|---|
| 500 g mageres Rindfleisch (Steak) |
| 1 TL Ingwerpulver |
| 1 TL Salz |
| 1 EL braunen Zucker |
| 1 TL schwarzen Pfeffer |
| 2 EL Sojasauce |
| 2 EL Mais- oder Kartoffelstärke |
| 300 g Reis |
| 2 Zwiebeln |
| 2 Knoblauchzehen |
| 250 g Champignons |
| 3–4 EL Öl |
| 250 ml Rindfleischbrühe |
| 3–6 frische rote Chilischoten |
| 1 Handvoll Koriandergrün |

**So wird's gemacht:**

**1.** Das Fleisch in schmale Streifen schneiden (ca. 1 x 4 cm). Ingwerpulver mit Salz, Zucker, Pfeffer, Sojasauce und Stärkemehl vermischen. Das Fleisch darin wenden und 1 Stunde marinieren lassen.
**2.** Den Reis in der eineinhalbfachen Menge Wasser (450 ml) in etwa 20 Minuten gar kochen. Danach gegebenenfalls warm halten.
**3.** Inzwischen die Zwiebeln pellen und fein hacken, die Knoblauchzehen ebenfalls pellen und durchpressen. Die Champignons putzen, waschen und große halbieren.
**4.** Das Öl in einer Pfanne erhitzen und die Zwiebeln darin hellgelb braten. Den Knoblauch und das Fleisch hinzufügen und alles bei großer Hitze 3 Minuten unter Rühren braten. Die Champignons dazugeben und alles weitere 2 Minuten unter Rühren braten, dann die Hitze herunterschalten.

**6.** Nun die Fleischbrühe angießen. Die Chilischoten entkernen, in dünne Ringe schneiden und zum Fleisch geben. Alles 8 bis 10 Minuten lang einkochen lassen.
**7.** Den Reis in eine Schüssel füllen und das Rindfleischragout in die Mitte geben. Mit Korianderblättchen bestreuen.

**kao mok kai**

## *Gekochter Reis mit Huhn*

Marnierzeit: ca. 1 Stunde
Zubereitungszeit: ca. 45 Minuten

### Sie benötigen für 4 Portionen:
| | |
|---|---|
| 800 g Hühnerfleisch (von Keulen) oder Putenfleisch | |
| 2 EL Essig | |
| 1 Tasse Milch | |

### Für die Gewürzmischung:
| | |
|---|---|
| 1 TL Korianderpulver | |
| ½ TL Kreuzkümmelpulver | |
| ¼ TL Kurkumapulver | |
| ¼ TL schwarzen Pfeffer | |
| ¼ TL Zimt | |
| 1 Msp. Nelkenpulver | |
| 1 Msp. Kardamompulver | |
| ¼–½ TL Cayennepfeffer | |
| 1 TL Salz | |

### Außerdem:
| | |
|---|---|
| 350 g Reis | |
| 3 große Zwiebeln | |
| Öl zum Braten | |
| 3 kleine Kartoffeln | |
| 1 Stück frischen Ingwer (30 g) | |
| 4 Knoblauchzehen | |
| 2 EL Butter | |
| 3 EL Safranwasser (1 Briefchen Safran in 3 EL warmem Wasser aufgelöst) | |

**So wird's gemacht:**

**1.** Das Fleisch in feine Streifen schneiden. Den Essig mit der Milch verrühren und das Fleisch darin 1 Stunde durchziehen lassen. Dann abtropfen lassen und trockentupfen.

**2.** Für die Gewürzmischung alle Zutaten gut miteinander vermischen.

**3.** Den Reis in der eineinhalbfachen Menge Wasser (525 ml) mit 1 Teelöffel Salz in etwa 15 Minuten knapp gar kochen.

**4.** Inzwischen die Zwiebeln pellen, sehr fein hacken und in etwas Öl knusprig braun braten.

**5.** Die Kartoffeln schälen und in feine Streifen schneiden. Den Ingwer schälen und fein hacken oder reiben, die Knoblauchzehen pellen und durchpressen.

**6.** In einer zweiten Pfanne 4 Eßlöffel Öl erhitzen und das Hühnerfleisch darin kräftig anbraten. Kartoffelstreifen, Ingwer, Knoblauch und Gewürzmischung hinzufügen und alles unter Rühren einige Minuten braten.

**7.** Die Butter in einem großen Topf schmelzen lassen, den Reis hinzufügen und mit dem Safranwasser beträufeln. Die Fleisch-Kartoffel-Mischung darauf geben und mit den Zwiebeln bestreuen. Alles zugedeckt bei sehr geringer Hitze in 10 bis 15 Minuten garen. Im Topf servieren.

### *Tip*
Dazu reicht man rohe, in Scheibchen geschnittene Gurken und eine Sauce aus 4 EL Essig, 1 EL Zucker und 1 Msp. Salz.

kao phat pu

## Gebratener Reis mit Krebsfleisch

Zubereitungszeit (ohne Kochzeit für den Reis): ca. 20 Minuten

**Sie benötigen für 4 Portionen:**

4 EL Öl

400 g gekochten abgekühlten Reis (aus 200 g rohem Reis)

300 g Krebsfleisch (aus der Dose oder von 2 Taschenkrebsen, siehe dazu auch die Rezepte Seite 104 und 106)

3 Eier

Salz

2 Frühlingszwiebeln

2 EL Fischsauce

1–2 TL Zucker

abgeriebene Schale von 1 Limette (ersatzweise von 1 unbehandelten Zitrone)

**Für die Sauce:**

2–4 getrocknete Chilischoten

4 EL Fischsauce

1 EL Limettensaft (ersatzweise Zitronensaft)

**Außerdem:**

1 Salatgurke

1 Handvoll Koriandergrün

**So wird's gemacht:**

**1.** Das Öl in einer großen Pfanne erhitzen, den Reis und das Krebsfleisch hineingeben und 4 Minuten braten; dabei vorsichtig umrühren.

**2.** Die Eier verquirlen. Den Pfanneninhalt etwas beiseite schieben und die Eimasse in die Pfanne gießen. Unter Rühren stocken lassen, dann mit dem Reis und dem Krebsfleisch vermischen und alles leicht salzen.

**3.** Die Frühlingszwiebeln putzen, grob hacken und in die Pfanne geben. Fischsauce, Zucker und Limettenschale hinzufügen und umrühren.

**4.** Für die Sauce die Chilischoten zerreiben und mit Fischsauce und Limettensaft verrühren. Die Gurke schälen und in nicht zu dünne Scheiben schneiden.

**5.** Den gemischten Reis auf einer Platte anrichten, mit Korianderblättchen bestreuen und die Gurkenscheiben darum herumlegen. Die Sauce über den Reis gießen.

**kao pad lae aharnt ta lay**

## Gebratener Reis mit Meeresfrüchten

Zubereitungszeit (ohne Kochzeit für den Reis): ca. ½ Stunde

**Sie benötigen für 4 Portionen:**

1 Zwiebel
3 Knoblauchzehen
4 EL Öl

600 g gemischte Meeresfrüchte (küchenfertige Tintenfische, Shrimps, Muschelfleisch)
1 TL gemahlene Galgantwurzel
1 TL gemahlenes Zitronengras
½ TL weißen Pfeffer
nach Belieben ½ TL Cayennepfeffer
2–3 EL Ketchup
2 EL Fischsauce
600 g gekochten etwas abgekühlten Reis (aus 300 g rohem Reis)
2–3 Frühlingszwiebeln
½ Handvoll Koriandergrün

**So wird's gemacht:**

**1.** Die Zwiebel pellen und fein hacken, die Knoblauchzehen ebenfalls pellen und durchpressen. Das Öl in einer Pfanne erhitzen und die Zwiebel darin hellgelb braten. Dann den Knoblauch hinzufügen.

**2.** Die Tintenfische in mundgerechte Stücke schneiden, Shrimps aus den Schalen lösen. Die Meeresfrüchte in die Pfanne geben und bei starker Hitze anbraten. Mit Galgantwurzel, Zitronengras, Pfeffer und nach Belieben Cayennepfeffer würzen und so lange braten, bis alle Flüssigkeit verdampft ist.

**3.** Nun Ketchup und Fischsauce hinzufügen und alles unter Rühren 2 Minuten dünsten.

**4.** Den Reis hinzufügen und gut mit allem vermischen. Darauf achten, daß nichts anbrennt, eventuell etwas Wasser hinzufügen. Alles etwa 3 Minuten unter Rühren braten, bis der Reis heiß ist.

**5.** Die Frühlingszwiebeln putzen, hacken (nur das Hellgrüne und Weiße verwenden) und zusammen mit den Korianderblättchen über das Gericht streuen.

**mi krati**

## Reisnudeln mit Kokosmilch

Zubereitungszeit: ca. 35 Minuten

**Sie benötigen für 4 Portionen:**

200 g Reisnudeln

½ l Kokosmilch (siehe Seite 15)

30 g Kokoscreme

4 Schalotten (ersatzweise

1–2 Zwiebeln)

300 g mageres Schweine- oder

Hühnerfleisch

300 g Rübstiele (oder dünne

Brokkolistiele)

150 g Tofu (Sojabohnenquark)

300 g Sojabohnensprossen

(frisch oder konserviert)

Salz

1 EL Zucker

2–3 EL Tamarindensaft (aus

1–1½ EL Tamarindenkonzentrat)

3–6 getrocknete Chilischoten

150 g eingesalzene Sojabohnen

(in Asienläden erhältlich)

4 Eier

2 EL Öl

einige Horapablätter (ersatz-

weise frisches Basilikum)

einige Zitronen

**So wird's gemacht:**

**1.** Die Reisnudeln mit kochendem Wasser übergießen und 4 Minuten quellen lassen. Dann in einem Sieb abtropfen lassen.

**2.** Die Kokosmilch in einem Topf erwärmen, die Kokoscreme hinzufügen und schmelzen lassen.

**3.** Die Schalotten pellen und fein hacken, das Fleisch in dünne Streifen schneiden. Die Rübstiele oder die Brokkolistiele und den Tofu fein würfeln, die Sojabohnensprossen, falls aus der Dose, gut abtropfen lassen.

**4.** Wenn die Kokosmilch kocht, die Schalotten, das Fleisch, den Tofu und die Rüb- oder die Brokkolistiele hinzufügen und alles 10 bis 15 Minuten offen köcheln lassen.

**5.** Nun Salz und Zucker, Tamarindensaft, die zerriebenen Chilischoten, die eingesalzenen Bohnen und die Sojabohnensprossen dazugeben und alles umrühren. Die Hälfte der Sauce beiseite stellen.

**6.** Die Eier gründlich verquirlen und in dem Öl in einer Pfanne zu einem dünnen Omelett braten. Aus der Pfanne nehmen und in sehr feine Streifen schneiden.

**7.** Nun die Reisnudeln mit der einen Hälfte der Sauce mischen und 1 bis 2 Minuten unter Rühren kochen lassen. In eine Schüssel füllen und die andere Hälfte der Sauce darübergießen.

**8.** Mit Omelettstreifen, Horapablättern und Zitronenachteln garnieren.

kui tiao rad nar

## *Reisnudeln mit Brokkoli*

Zubereitungszeit: ca. 40 Minuten

**Sie benötigen für 4 Portionen:**

| |
|---|
| 1 kleine Zwiebel |
| 3 Knoblauchzehen |
| 150 g Reisnudeln |
| Öl zum Braten |
| 500 g Hühnerbrust (oder |
| Schweineschnitzel) |
| 300 g Brokkoli |
| Salz |
| 3 EL Fischsauce |
| 3 EL Sojasauce |
| 1 EL Zucker, weißen Pfeffer |
| frische rote Chilischoten |

**So wird's gemacht:**

**1.** Die Zwiebel und die Knoblauchzehen pellen und fein hacken. Die Reisnudeln in kochendes Wasser geben, den Topf vom Herd nehmen und die Nudeln 3 bis 4 Minuten quellen lassen. Abtropfen lassen und etwas kleinschneiden.

**2.** 3 Eßlöffel Öl in einer Pfanne erhitzen, die Zwiebel darin hellbraun braten. Knoblauch und Nudeln hinzufügen und 10 Minuten unter Rühren braten. Dabei die Nudeln etwas auseinanderzupfen.

**3.** Das Fleisch in schmale Streifen schneiden und in einer zweiten Pfanne in etwas Öl rasch von allen Seiten anbraten. Salzen und mit etwa 100 ml Wasser ablöschen. Dann alles zu den Nudeln geben.

**4.** Die Brokkoli in 5 cm lange Stücke beziehungsweise in Röschen schneiden und in Salzwasser in 15 Minuten garen. Abtropfen lassen und ebenfalls zu den Nudeln geben. Die Hitze heraufschalten und Fisch- und Sojasauce, Zucker und Pfeffer hinzufügen. Alles gut umrühren.

**5.** Nach Belieben Chilischoten entkernen, in feine Ringe schneiden und über den Reis streuen.

kui tiao neua sab

## Reisnudeln mit Hackfleischsauce

Zubereitungszeit: ca. 50 Minuten

**Sie benötigen für 4 Portionen:**

**Für die Hackfleischsauce:**

| |
|---|
| 400 g Rinderhackfleisch |
| 5 EL Sojasauce |
| 1 TL Currypulver (beste Qualität) oder garam masala (in Asienläden erhältlich) |
| 1 TL Salz |
| 1 TL schwarzen Pfeffer |
| 2–3 EL Tapiokamehl (ersatzweise Weizenmehl) |
| Öl zum Braten |
| 50 g Stangensellerie |
| 4 Knoblauchzehen |
| 300 ml Rinder- oder Hühnerbrühe |
| 1 EL Zucker |
| 1 Handvoll Koriandergrün |

**Für die Nudeln:**

| |
|---|
| 450 g breite Reisnudeln |
| 2 EL Sojasauce |

**Außerdem:**

| |
|---|
| 4 kleine getrocknete Chilischoten |
| 2 EL Rotweinessig |

**So wird's gemacht:**

**1.** Das Hackfleisch mit der Sojasauce, Curry, Salz, Pfeffer und Mehl vermengen und einige Minuten ruhen lassen.

**2.** 3 bis 4 Eßlöffel Öl in einer Pfanne erhitzen und die Fleischmasse darin unter ständigem Rühren bräunen.

**3.** Den Sellerie kleinhacken, die Knoblauchzehen pellen und durchpressen. Beides zusammen mit der Brühe zum Fleisch geben. Mit Zucker bestreuen und alles offen etwa 15 Minuten köcheln lassen.

**4.** Inzwischen die Nudeln mit kochendem Wasser übergießen und 10 bis 20 Minuten quellen lassen. Sie dann abtropfen lassen. In einer Pfanne 2 Eßlöffel Öl erhitzen, die Sojasauce hinzufügen und die Nudeln darin so lange wenden, bis sie weich sind (ca. 5 Minuten).

**5.** Die Nudeln in eine Schüssel füllen, die Sauce darübergießen und mit Korianderblättchen bestreuen.

**6.** Die Chilischoten zerreiben, mit dem Essig mischen und über das Gericht gießen.

kui tiao pad moo kab pu

## Gebratene Reisnudeln mit Schweinefleisch und Shrimps

Zubereitungszeit: ca. 1 Stunde

**Sie benötigen für 4 Portionen:**

| |
|---|
| 250 g mageres Schweinefleisch |
| 150 g geschälte Shrimps |
| 1 Zwiebel |
| 4 Knoblauchzehen |
| 50 g Sojabohnensprossen (frisch oder konserviert) |
| 100 g Chinakohl |
| Öl zum Braten |
| 3–4 getrocknete Chilischoten |
| 1 EL eingesalzene Bohnen (in Asienläden erhältlich) |
| 1 EL Essig |
| 1 EL Fischsauce |
| 1 EL Palmzucker (ersatzweise braunen Zucker) |
| 1 EL Zitronensaft |
| Salz |
| 100 g Tofu (Sojabohnenquark) |
| 150 g Reisnudeln |
| 2 EL gehacktes Koriandergrün |

**So wird's gemacht:**

**1.** Das Schweinefleisch und die Shrimps in winzig kleine Würfel schneiden. Die Zwiebel pellen und fein hacken, die Knoblauchzehen ebenfalls pellen und durchpressen. Die Sojabohnenkeimlinge, falls aus der Dose, abtropfen lassen, den Chinakohl in sehr feine Streifen schneiden.

**2.** 2 Eßlöffel Öl in einer großen Pfanne erhitzen und die Zwiebel darin hellbraun braten. Das Fleisch und den Knoblauch hinzufügen und 1 Minute unter Rühren braten.

**3.** Shrimps, Sojabohnenkeimlinge, Chinakohl und zerriebene Chilischoten in die Pfanne geben und weitere 2 bis 3 Minuten braten.

**4.** Nun eingesalzene Bohnen, Essig, Fischsauce, Zucker und Zitronensaft hinzufügen. Das Gericht eventuell mit Salz nachwürzen und warm stellen.

**5.** Den Tofu in streichholzfeine Streifen schneiden, in etwas heißem Öl knusprig braun braten und beiseite stellen.

**6.** In einer anderen Pfanne 3 Eßlöffel Öl erhitzen und die trockenen Reisnudeln darin unter ständigem Rühren 3 bis 4 Minuten braten. So viel Wasser hinzufügen, daß sie weich werden (ca. 100 ml), und weitere 2 Minuten unter Rühren garen.

**7.** Die Fleisch-Shrimps-Mischung zu den Nudeln geben, gut umrühren und die gebratenen Tofustreifen darübergeben. Mit Korianderblättchen bestreuen.

kui tiao thai

## Gebratene Reisnudeln auf Thai Art

Zubereitungszeit: ca. 45 Minuten

**Sie benötigen für 4 Portionen:**

| |
|---|
| 1 Zwiebel |
| 4 Knoblauchzehen |
| Öl zum Braten |
| 300 g Reisnudeln |
| 400 g Schweinefleisch (Nacken oder Brust) |
| 100 g weißen Rettich oder weiße Rüben |
| 250 g Zucchini |
| 50 g Stangensellerie |
| 100 g Tofu (Sojabohnenquark) |
| 175 g Sojabohnensprossen |
| Salz |
| 3 Enteneier (ersatzweise große Hühnereier) |
| 4 EL Essig |
| 1 EL Zucker |
| 4 EL Fischsauce |

**Außerdem:**

| |
|---|
| 40 g ungesalzene Erdnüsse |
| 4 rote frische Chilischoten |

**So wird's gemacht:**

**1.** Die Zwiebel pellen und fein hakken, die Knoblauchzehen ebenfalls pellen und durchpressen. Beides in heißem Öl anbraten. Nach 1 Minute (Zwiebel und Knoblauch sollen nur hellgelb sein) die trockenen Nudeln hinzufügen, mit einem Löffel oder Bratenwender zerdrükken und unter Rühren 5 Minuten mitbraten. Dann ½ Tasse Wasser hinzufügen und die Nudeln in 10 Minuten garen.

**2.** Das Schweinefleisch in dünne Streifen schneiden, den Rettich und die Zucchini in dünne Scheiben schneiden. Den Sellerie und den Tofu würfeln.

**3.** In einer zweiten großen Pfanne 3 Eßlöffel Öl erhitzen und das Fleisch darin knusprig braun braten. Rettich, Sojabohnensprossen, Sellerie, Tofu und Zucchini hinzufügen und alles unter Rühren einige Minuten braten. Salzen und beiseite stellen.

**4.** In einer weiteren Pfanne 1 Eßlöffel Öl erhitzen. Die Eier verquirlen, in die Pfanne gießen, stocken lassen und dann umrühren. Enteneier gut durchbraten.

**5.** Die Pfanne mit dem Fleisch wieder auf den Herd stellen, die Nudeln dazugeben, die Rühreier ebenfalls hinzufügen und alles gründlich vermengen. Mit Essig, Zucker und Fischsauce würzen.

**6.** Die Erdnüsse in einer Kaffeemühle grob mahlen (oder mit einem elektrischen Hacker grob hacken). Die Chilischoten entkernen und in dünne Ringe schneiden. Beides über das Gericht streuen.

**kui tiao pad kung**

## *Reisnudeln mit Hummerkrabben*

Zubereitungszeit: ca. 35 Minuten

**Sie benötigen für 4 Portionen:**

150 g Reisnudeln

16 Hummerkrabben mit Schalen

Öl zum Braten

2 Schalotten (ersatzweise

1 kleine Zwiebel)

4 Knoblauchzehen

4 EL Chilisauce (Fertigprodukt)

2 EL Ketchup

4 EL Fischsauce

1 EL Palmzucker (ersatzweise braunen Zucker)

1 Msp. Cayennepfeffer, Salz

250 g Sojabohnensprossen

3–4 EL Schnittlauchröllchen

**So wird's gemacht:**

**1.** Die Reisnudeln mit kochendem Wasser überbrühen und 3 bis 4 Minuten quellen lassen. Dann abtropfen lassen.

**2.** Die Hummerkrabben aus den Schalen lösen und die Därme entfernen.

**3.** 3 bis 4 Eßlöffel Öl in einer Pfanne erhitzen und die Nudeln darin unter Rühren goldbraun braten, dann herausnehmen, abtropfen lassen und beiseite stellen.

**4.** Die Schalotten und die Knoblauchzehen pellen und fein hakken. Wenn nötig, noch etwas Öl in die Pfanne gießen und die Schalotten darin hellgelb werden lassen. Den Knoblauch hinzufügen, kurz mitbraten und dann mit Chilisauce, Ketchup und Fischsauce ablöschen. Mit Zucker, Cayennepfeffer und eventuell etwas Salz abschmecken.

**5.** Nun die Hummerkrabben in die Pfanne geben und 2 bis 3 Minuten unter Rühren erhitzen. Falls die Sauce zu dick ist, etwas Wasser hinzufügen.

**6.** Die Nudeln wieder in die Pfanne geben und alles gut miteinander mischen.

**7.** Alles auf einer Servierplatte anrichten und mit Sojabohnensprossen garnieren. Den Schnittlauch darüberstreuen.

**kui tiao**

## Reisnudeln
## mit Krebsfleisch

Zubereitungszeit: ca. 45 Minuten

**Sie benötigen für 4 Portionen:**

**Für die Gewürzpaste:**

| |
|---|
| 5 getrocknete Chilischoten |
| 5 Schalotten (ersatzweise |
| 1–2 Zwiebeln) |
| 5 Knoblauchzehen |
| ½ TL Salz |
| 2–3 (lebende) Taschenkrebse |
| (ca. 600 g Krebsfleisch; ersatzweise |
| Krebsfleisch aus der Dose) |
| 400 g Reisnudeln |
| 300 g Sojabohnensprossen |
| (frisch oder konserviert) |
| 200 g Chinakohl |
| 6 EL Öl |

| |
|---|
| 5 EL Tamarindensaft (aus |
| 2½ EL Tamarindenkonzentrat) |
| 5 EL Fischsauce |
| 2 EL Palmzucker (ersatzweise |
| braunen Zucker) |
| 3 Zitronen |

**So wird's gemacht:**

**1.** Die Chilischoten zerreiben, die Schalotten pellen und fein würfeln, die Knoblauchzehen ebenfalls pellen und durchpressen. Diese Zutaten zusammen mit Salz im Mörser zu einer Paste zerreiben.

**2.** Die Krebse kopfüber in kochendes Salzwasser geben und 5 Minuten kochen. Danach etwas abkühlen lassen und dann das Fleisch aus den Scheren, den Beinen und dem Panzer herauslösen (siehe dazu auch Anmerkung Seite 104).

**3.** Die Nudeln mit kochendem Wasser übergießen und 3 bis 4 Minuten quellen lassen. Dann abtropfen lassen. Die Sojabohnensprossen, falls aus der Dose, ebenfalls abtropfen lassen. Den Chinakohl in feine Streifen schneiden.

**4.** 3 Eßlöffel Öl in einer Pfanne erhitzen und die Gewürzpaste darin anbraten. Das Krebsfleisch hinzufügen und 1 Minute unter Rühren braten.

**5.** In einer zweiten Pfanne 3 Eßlöffel Öl erhitzen und die Nudeln darin anbraten. Sojabohnensprossen und Chinakohl dazugeben und unter Rühren einige Minuten braten.

**6.** Die Krabbenmischung zu den Nudeln geben, alles mit Tamarindensaft, Fischsauce und Zucker abschmecken und in 1 bis 2 Minuten unter Rühren heiß werden lassen.

**7.** Die Zitronen achteln. Die Nudeln mit dem Krebsfleisch in eine Schüssel füllen und mit den Zitronenachteln garnieren.

khanom jeen nam ya

# Reisnudeln mit Fischsauce

Zeit zum Wässern: 2–3 Stunden
Zubereitungszeit: ca. 1 Stunde

**Sie benötigen für 4 Portionen:**

**Für die Sauce:**

100 g Stockfisch (getrockneter Fisch)
Öl zum Braten
7 Schalotten (ersatzweise
2–3 Zwiebeln)
10–15 Knoblauchzehen
5–10 getrocknete kleine Chilischoten
1 Stück frische Galgantwurzel
(ersatzweise 1 EL getrocknete)
1 Stück Zitronengras (ersatzweise
1 EL getrocknetes)
2 EL frische Minzeblätter
1 TL Salz
1 EL Krabbenpaste
400 g frisch geriebene Kokosnuß
(ersatzweise getrocknete Kokosflocken)
200 g Fischfilet (Rotbarsch
oder Kabeljau)

**Außerdem:**

400 g Reisnudeln
100 g grüne Bohnen
100 g Wirsing
100 g Sojabohnensprossen (frisch
oder konserviert)
½ Salatgurke
1 grüne Paprikaschote
2 hartgekochte Eier
1 kleiner Bund Horapa (ersatzweise frisches Basilikum)
nach Geschmack frische rote
Chilischoten

**So wird's gemacht:**

**1.** Zunächst den Stockfisch für
2 bis 3 Stunden wässern, ihn danach abtropfen lassen, gut trockentupfen, in feine Fasern zerzupfen
und diese in wenig Öl braun braten.

**2.** Die Schalotten pellen und fein
hacken, die Knoblauchzehen ebenfalls pellen und durchpressen. Die
Chilischoten zerreiben.
**3.** Den Stockfisch, die Schalotten
und Knoblauchzehen, Chilischoten,
Galgantwurzel, Zitronengras,
Minze, Salz und Krabbenpaste
zusammen mit ½ Tasse Wasser in
einen Topf geben und alles bei milder Hitze unter Rühren in 20 Minuten weichkochen. Dann Galant-
wurzel und Zitronengras entfernen
und alles andere pürieren.
**4.** Das Kokosnußfleisch mit gut
½ l kochendem Wasser überbrühen. Alles durch ein mit einem
Mulltuch ausgelegtes Sieb gießen
und das Kokosnußfleisch mit Hilfe
des Tuchs fest auspressen.
**5.** Das Fischfilet in sehr wenig
leicht gesalzenem Wasser gar dünsten. Den Fisch mit dem Stock-
fischpüree verrühren. Die Kokosmilch und das Fischkochwasser
hinzufügen und alles zum Kochen
bringen. Unter ständigem Rühren
im offenen Topf so lange einkochen lassen, bis es dicklich ist.

**6.** Die Reisnudeln in kochendes
Wasser geben, 3 bis 4 Minuten
quellen lassen und dann abtropfen
lassen. Die Bohnen putzen und in
wenig gesalzenem Wasser in etwa
20 Minuten garen. Den Wirsing in
schmale Streifen schneiden und
mit kochendem Wasser überbrühen.
**7.** Die Sojabohnensprossen, falls
aus dem Glas, abtropfen lassen.
Die Salatgurke schälen und in
dünne Scheiben schneiden. Die
Paprikaschote putzen und in
mundgerechte Würfel schneiden.
Die Eier vierteln oder in Scheiben
schneiden.
**8.** Auf einer großen Servierplatte
die Nudeln, das Gemüse, die Eier
und die Horapablätter anrichten
und die Fischsauce in einem Schälchen dazustellen. Jeder nimmt
etwas von den Nudeln auf seinen
Teller, gießt die Sauce darüber und
arrangiert Gemüse und Eier darum
herum.
Nach Geschmack frische rote Chilischoten entkernen, in Ringe
schneiden und dazu reichen.

# Süßspeisen und Getränke

Traditionell werden zum Abschluß eines festlichen
thailändischen Mahles verschiedene Süßigkeiten
gereicht, wobei eine immer aus frischem Obst besteht.
Die erfrischenden Säfte, deren Rezepte auch
in diesem Kapitel stehen, trinkt man von früh bis spät.

**kluai buat chee**

## *Bananen in Kokosmilch*

Zubereitungszeit: ca. 15 Minuten
Kühlzeit: ca. 1 Stunde

**Sie benötigen für 4 Portionen:**

| |
|---|
| 4 reife Bananen |
| 2 EL Zucker |
| 1 Msp. Salz |
| 250 ml Kokosmilch (siehe Seite 15) |
| 1–2 Tropfen Jasminessenz (ersatzweise Rosenwasser aus der Apotheke) |
| 2 EL Sesamsamen |

**So wird's gemacht:**
**1.** Die Bananen schälen und in knapp 1 cm dicke Scheiben schneiden. In einen Topf geben und mit dem Zucker und dem Salz bestreuen.
**2.** Die Kokosmilch hinzufügen, alles mit der Jasminessenz parfümieren und 2 bis 3 Minuten offen kochen lassen.
**3.** Abkühlen lassen und für etwa 1 Stunde in den Kühlschrank stellen.
**4.** Die Sesamsamen in einer Pfanne ohne Fett goldbraun rösten und über die Bananen streuen.

**kluai tord**

## *Gebratene Bananen*

Zubereitungszeit: ca. 15 Minuten

**Sie benötigen für 4–6 Portionen:**

| |
|---|
| 4 nicht zu reife Bananen |
| 2 EL Butter |
| 1 EL braunen Zucker |
| Saft von 2 Limetten (ersatzweise von 2 Zitronen) |
| 3–4 EL frische oder getrocknete Kokosraspel |

**So wird's gemacht:**
**1.** Die Bananen schälen und der Länge nach halbieren.
**2.** Die Butter in einer Pfanne erhitzen und die Bananen darin jeweils von beiden Seiten 3 Minuten braten, bis sie leicht gebräunt und glasig sind.
**3.** Den Zucker und den Limettensaft hinzufügen und alles so lange unter Rühren erwärmen, bis sich der Zucker aufgelöst hat.
**4.** Die Bananenhälften auf Tellern anrichten, mit der Sauce begießen und mit den Kokosraspeln bestreuen.

**kanon fagthong**

## *Kürbispudding*

Zubereitungszeit: ca. 1 Stunde 45 Minuten

**Sie benötigen für 4 Portionen:**

| |
|---|
| 400 g Kürbis |
| 200 g getrocknete Kokosflocken |
| 130 g Mehl (möglichst halb Tapioka- halb Weizenmehl) |
| ½ TL Salz |
| 100 g Zucker |
| Fett für die Form |

**So wird's gemacht:**
**1.** Den Kürbis schälen, die Kerne entfernen und das Kürbisfleisch in 2 cm große Würfel schneiden. Etwa 25 Minuten im Dämpftopf dämpfen oder in wenig Wasser so lange dünsten, bis es sehr weich ist.
**2.** Die Kokosflocken mit 400 ml kochendem Wasser überbrühen, kurz stehen lassen und dann in ein mit einem Mulltuch ausgelegtes Sieb geben. Gut ausdrücken, die Kokosmilch auffangen und 50 g der ausgedrückten Kokosflocken beiseite stellen.
**3.** Den Backofen auf 200 °C vorheizen. Den Kürbis zusammen mit der Kokosmilch im Mixer pürieren, dann Mehl, Salz und Zucker hineinrühren.
**4.** Eine flache feuerfeste Form leicht ausfetten, die Kürbismasse hineinfüllen und die beiseite gestellten Kokosflocken darüberstreuen. Die Form fest verschließen (Alufolie), die Kürbismasse im vorgeheizten Ofen etwa 1 Stunde backen und warm servieren.
Sie können den Kürbispudding auch, wie auf dem Foto zu sehen, in einem ausgehöhlten Kürbis servieren.

135

**kao tom mat**

# Klebreispäckchen mit Bananen

Quellzeit: 1–2 Stunden
Zubereitungszeit: ca. 1 Stunde

**Sie benötigen für 6–8 Portionen:**

500 g Klebreis (in Asienläden erhältlich)

400 g getrocknete Kokosflocken

½ TL Salz

150 g Zucker

300 ml Milch

3–4 Bananen (ca. 500 g)

Öl zum Bepinseln

100 g schwarze gekochte Bohnen (aus der Dose)

**So wird's gemacht:**

**1.** Den Klebreis waschen und für 1 bis 2 Stunden in kaltem Wasser quellen lassen.
**2.** Die Kokosflocken mit ½ l kochendem Wasser überbrühen, 5 Minuten stehen lassen und dann durch ein mit einem Mulltuch ausgelegtes Sieb filtern.
**3.** Die Kokosmilch mit Salz, Zucker und Milch mischen, den abgetropften Reis hinzufügen und alles bei geringer Hitze unter wiederholtem Rühren so lange köcheln lassen, bis die Masse „trocken" ist (dauert ca. 20 Minuten). Sie dann beiseite stellen.
**4.** Die Bananen schälen, erst quer, dann längs halbieren, so daß jede Banane in 4 Stücke geteilt wird.
**5.** Aluminiumfolie zu Quadraten von etwa 12 cm Kantenlänge zuschneiden und leicht mit Öl bepinseln.
**6.** Auf jede Folie 2 bis 3 Eßlöffel der Reismischung geben, ein Stück Banane darauf legen, diese wieder mit etwas Reis bedecken. In den Reis einige schwarze Bohnen drükken. Die Alufolien aufrollen, auch die Seiten einschlagen und die Päckchen fest verschließen.
**7.** Die Päckchen in den Dämpftopf legen und den Reis ½ Stunde dämpfen oder sie in eine feuerfeste ausgefettete Form legen, verschließen und im Wasserbad im Ofen bei 250 °C in etwa ½ Stunde garen.

### Anmerkung

In Thailand werden statt Alufolie Bananenblätter verwendet. Im Herbst kann man sich hier auch mit gewaschenen Maiskolbenblättern behelfen. Diese muß man mit Küchengarn fest umwickeln.

### Tip

Für ein Dessert Bohnen zu verwenden mag manchem sehr fremd erscheinen. Sie können statt der Bohnen auch Rosinen in den Reis drücken.

**mamuang kao nieo**

## *Klebreis mit Mangos*

Quellzeit: 1–2 Stunden
Zubereitungszeit: ca. 1 Stunde
Kühlzeit: 1–2 Stunden

**Sie benötigen für 4–6 Portionen:**

| |
|---|
| 300 g Klebreis (in Asien-läden erhältlich) |
| 300 ml Kokosmilch (siehe Seite 15) |
| 120 g Zucker |
| 1 Msp. Salz |
| 4 reife Mangos |
| 4–5 EL getrocknete Kokosflocken |

**So wird's gemacht:**

**1.** Den Klebreis waschen und für 1 bis 2 Stunden in kaltem Wasser quellen lassen. Ihn dann abtropfen lassen und in der eineinhalbfachen Menge Wasser (450 ml) unter Rühren in etwa 20 Minuten gar kochen.

**2.** Die Kokosmilch auf etwa ein Drittel der Menge einkochen lassen, dann Zucker und Salz hinzufügen und unter Rühren auflösen. Den Klebreis mit der Kokosmilch vermischen und ½ Stunde stehen lassen.

**3.** Die Mangos schälen, die Kerne entfernen und das Fruchtfleisch in dünne Spalten schneiden. Den Reis auf einer Platte anrichten, die Mangospalten darauf verteilen und alles mit den Kokosflocken bestreuen. Für 1 bis 2 Stunden in den Kühlschrank stellen.

salad polamai

# *Obstsalat*

Zubereitungszeit: ca. 40 Minuten
Kühlzeit: ca. 1 Stunde

**Sie benötigen für 4–6 Portionen:**

2 reife Mangos (700 g)

1 kleine Ananas (900 g)

3 große Orangen

1 kleine Honigmelone (800 g)

2 Äpfel

2 Bananen

Saft von 3 Limonen (ersatzweise
Zitronen)

einige Blättchen Zitronenmelisse

**So wird's gemacht:**
**1.** Die Mangos schälen, das Fruchtfleisch von den Kernen lösen und
quer in Spalten schneiden. Den
Schopf und den Stiel der Ananas
abschneiden, mit einem scharfen
Messer die Schale der Länge nach
großzügig abschneiden, die Frucht
vierteln, den Strunk herausschneiden und die Ananas in Spalten
schneiden.
**2.** Die Orangen wie Äpfel schälen,
dabei auch die weiße Haut vollständig entfernen. Die Früchte jeweils an den Zwischenhäuten einschneiden, die Filets herauslösen
und dabei den Saft auffangen.
**3.** Die Melone halbieren, die Kerne
herausschaben, das Fruchtfleisch
von der Schale lösen und in Spalten schneiden. Die Äpfel schälen
und vierteln. Die Kerngehäuse herausschneiden und die Apfelviertel
würfeln. Die Bananen schälen und
in Scheiben schneiden.
**4.** Alle Früchte vorsichtig und
gründlich miteinander vermischen.
Den Limonensaft und den aufge-
fangenen Orangensaft über die
Früchte gießen und den Obstsalat
für 1 Stunde kühl stellen.
**5.** Noch einmal durchmischen
und mit Zitronenmelisseblättchen
garnieren.

**khanom somanat**

## *Kokosmakronen*

Zubereitungszeit: ca. 35 Minuten

**Sie benötigen für 6–8 Portionen:**

300 g getrocknete Kokosflocken

4 Eiweiß

125 g Zucker

1–2 EL Kakaopulver

1 EL Zitronensaft

**So wird's gemacht:**
**1.** Den Backofen auf 150 bis 175 °C vorheizen. Die Kokosflocken in einer Pfanne ohne Zugabe von Fett goldbraun rösten und etwas abkühlen lassen. Die Eiweiße zu steifem Schnee schlagen.
**2.** Alle Zutaten sorgfältig unter den Eischnee ziehen, so daß sie gut miteinander vermischt sind.
**3.** Mit einem kleinen Löffel Häufchen abstechen und auf ein gefettetes Backblech setzen. In etwa ½ Stunde goldbraun backen.

**nam chuam dok malee**

## *Orangen in Jasminsirup*

Zubereitungszeit: ca. 40 Minuten

**Sie benötigen für 4 Portionen:**

4 Orangen

150 g Zucker

2–3 Tropfen Jasminessenz

(ersatzweise Rosenwasser aus der Apotheke)

einige Rosenblätter (ersatzweise Zitronenmelisseblättchen)

einige Eiswürfel

**So wird's gemacht:**
**1.** Die Orangen sorgfältig schälen, dabei auch die weißen Häute entfernen und die Früchte entweder quer in Scheiben schneiden oder die Filets herauslösen.
**2.** Den Zucker zusammen mit 100 ml Wasser zum Kochen bringen und etwa ½ Stunde im offenen Topf kochen lassen, bis ein dickflüssiger Sirup entstanden ist. Diesen abkühlen lassen und mit Jasminessenz oder Rosenwasser parfümieren.
**3.** Die Eiswürfel in einen Plastikbeutel geben und mit einem Hammer oder mit dem Nudelholz fein zerstoßen.
**4.** Die Orangenfilets auf flachen Schälchen anrichten, den Sirup darübergießen und das zerstoßene Eis darüber streuen. Mit Jasminblüten- oder Rosenblättern oder Zitronenmelisseblättchen garnieren.

### *Variation*
Sie können statt der Orangen auch 3 reife Mangos nehmen. Sie werden geschält, ihr Fruchtfleisch wird in Spalten geschnitten und wie Orangenfilets angerichtet.

leenchee loi mek

## Litschis in Creme

Zubereitungszeit: ca. ½ Stunde
Kühlzeit: ca. 1 Stunde

**Sie benötigen für 4 Portionen:**
5 Eiweiß
6 EL Zucker
5 Eigelb
450 ml ungesüßte Kondensmilch
20 frische Litschis (ersatzweise aus
der Dose oder aus Melonen-
fruchtfleisch ausgestochene Kugeln)

**So wird's gemacht:**
**1.** Die Eiweiße zusammen mit
1 Eßlöffel Zucker zu steifem
Schnee schlagen und in ein Sieb
geben. Wasser in einem passen-
den Topf (er sollte ca. 5 cm hoch
gefüllt sein) zum Kochen bringen
und das Sieb in den Dampf hängen. Einen Deckel auf das Sieb
legen und den Eischnee so lange
dämpfen, bis er fest ist (dauert
ca. 5 bis 10 Minuten). Ihn dann
beiseite stellen.
**2.** Die Eigelbe mit dem restlichen
Zucker und der Kondensmilch im
warmen Wasserbad zu einer glatten dicklichen Creme aufschlagen.
**3.** Die frischen Litschis schälen, in
eine flache Schüssel geben und
mit der Eigelbcreme bedecken.
Den Eiweißschaum darüber verteilen und alles für 1 Stunde kühl
stellen.

ma mamuang nam pla wan

## Mangos
## mit süßer Fischsauce

Zubereitungszeit: ca. ½ Stunde
Kühlzeit: ca. 1 Stunde

**Sie benötigen für 4 Portionen:**
100 ml Fischsauce
50–80 g Zucker
1 Schalotte
2 EL Krabbenpaste
2 getrocknete Chilischoten
2 reife Mangos

**So wird's gemacht:**
**1.** Die Fischsauce mit 100 ml Wasser und dem Zucker verrühren und
zum Kochen bringen. Die Schalotte
pellen, sehr fein würfeln und
dazugeben. Alles offen 15 bis
20 Minuten köcheln lassen, bis ein
dickflüssiger Sirup entstanden ist.
**2.** Die Krabbenpaste und die zerriebenen Chilischoten hinzufügen
und mit dem Sirup vermengen.
Kühl stellen.
**3.** Die Mangos schälen, das
Fruchtfleisch von den Kernen und
in schmale Spalten schneiden.
Mit der Sauce übergießen.

**nam mayom**

## *Stachelbeersaft*

Zubereitungszeit: ca. ½ Stunde
Kühlzeit: mind. 2 Stunden

**Sie benötigen für ca. 4 Gläser:**

| |
|---|
| 300 g Stachelbeeren |
| 250 g Zucker |
| ½ TL Salz |

**So wird's gemacht:**
**1.** Die Stachelbeeren putzen, waschen und zusammen mit 750 ml Wasser zum Kochen bringen. Etwa 20 Minuten offen kochen lassen.
**2.** Alles im Mixer (oder im Topf mit dem Stabmixer) pürieren. In ein Sieb geben und den Saft abtropfen lassen. Die Stachelbeerschalen gut ausdrücken.
**3.** Zucker und Salz zum Saft geben, diesen noch einmal zum Kochen bringen und auf kleiner Flamme 10 Minuten köcheln lassen. Abkühlen lassen, für mindestens 2 Stunden in den Kühlschrank stellen und dann mit Eiswürfeln servieren.

**aisa krim gati**

## *Kokoseis*

Zubereitungszeit: 30–40 Minuten
Gefrierzeit: 3–4 Stunden

**Sie benötigen für 4 Portionen:**

| |
|---|
| 1 Kokosnuß (ca. 750 g) |
| 3 Eier |
| 80 g Zucker |
| 100 ml Milch |
| Tamarindensirup (als Fertigprodukt in Asienläden erhältlich) |

**So wird's gemacht:**
**1.** Die Kokosnuß öffnen (siehe Seite 15), das Kokoswasser herauslaufen lassen und anderweitig verwerten. Das weiße Fruchtfleisch sorgfältig von der inneren braunen Schale ablösen, es kurz abspülen und in kaltes Wasser legen.
**2.** Die Eier trennen. Die Eigelbe zusammen mit dem Zucker mit dem Handrührgerät zu einer dicken, hellgelben Creme aufschlagen.
**3.** Die Kokosstücke im Mixer portionsweise pürieren und zu der Eigelbcreme geben. Alles gut vermengen. Die Milch dazugießen und umrühren.
**4.** Die Eiweiße zu steifem Schnee schlagen und unter die Creme heben. Diese in eine Plastikschale füllen und 3 bis 4 Stunden gefrieren.
**5.** Das Eis vor dem Servieren etwa 20 Minuten antauen lassen, dann mit Tamarindensirup übergießen und servieren.

## nam manao

### *Limettensaft*

Zubereitungszeit: ca. 20 Minuten
Kühlzeit: ca. 2 Stunden

**Sie benötigen für 4 Gläser:**

| |
|---|
| 4–5 Limetten |
| 120 g Zucker |
| ½ TL Salz |

**So wird's gemacht:**
**1.** Die Limetten heiß abspülen und dann auf einer Haushaltsreibe die Schalen dünn abreiben. Die Limetten auspressen.
**2.** Die abgeriebene Schale mit dem Zucker und dem Salz vermischen und mit 700 ml kochendem Wasser auffüllen. So lange rühren, bis sich der Zucker gelöst hat.
**3.** Den Limettensaft hinzufügen und gut umrühren. Den Saft für etwa 2 Stunden kalt stellen und mit Eiswürfeln servieren.

## nam farang

### *Guavensaft*

Zubereitungszeit: ca. 20 Minuten
Kühlzeit: 2–3 Stunden

**Sie benötigen für 4–6 Gläser:**

| |
|---|
| 500 g reife Guaven |
| 200 g Zucker |
| ½ TL Salz |

**So wird's gemacht:**
**1.** Die Guaven schälen, in Stücke schneiden und mit knapp 1 l Wasser im Mixer pürieren.
**2.** Diese Mischung zum Kochen bringen, Zucker und Salz hinzufügen und alles etwa 10 Minuten köcheln lassen. Der Zucker muß sich dann vollständig aufgelöst haben.
**3.** Alles abkühlen lassen und dann für 2 bis 3 Stunden in den Kühlschrank stellen. Mit Eiswürfeln servieren.

## nam mamuang

### *Mangosaft*

Zubereitungszeit: ca. 25 Minuten
Kühlzeit: ca. 2 Stunden

**Sie benötigen für 4–6 Gläser:**

| |
|---|
| 200 g Zucker |
| 3 reife Mangos |
| ½–1 TL Salz |

**So wird's gemacht:**
**1.** Den Zucker mit 250 ml Wasser in einen Topf geben und so lange kochen lassen, bis ein dicklicher Sirup entstanden ist.
**2.** Die Mangos schälen, die Kerne entfernen und das Fruchtfleisch in schmale Spalten oder Würfel schneiden.
**3.** Die Mangospalten zusammen mit ½ l Wasser, dem Zuckersirup und Salz im Mixer pürieren. Für 2 Stunden kühl stellen. Dann mit Eiswürfeln servieren.

# Rezeptverzeichnis

## Die Erklärung wichtiger Abkürzungen:

| | | | | | |
|---|---|---|---|---|---|
| TL | = (gestrichener) Teelöffel | kg | = Kilogramm | Msp. | = Messerspitze |
| EL | = (gestrichener) Eßlöffel | ml | = Milliliter (1000 ml = 1 l) | cm | = Zentimeter |
| g | = Gramm (1000 g = 1 kg) | l | = Liter | ca. | = zirka |

In gleicher Ausstattung sind erschienen: Brotbacken · Italienische Küche · Chinesische Küche · Kalte Platten · Salate · Vegetarische Küche · Garnieren und Verzieren · Fondues und Raclettes · Single-Küche · Cocktails · Vollwertküche · Flambieren · Französische Küche · Bürgerliche Küche · Keime und Sprossen · Bistroküche · Festlich kochen und backen · Feine Salate · Vollkornbackstube · Köstliche Gerichte mit dem Wok · Spanische Küche

Die Deutsche Bibliothek-CIP-Einheitsaufnahme

**Schlemmerreise durch die thailändische Küche** /
Cornelia Zingerling ; Noi Dok Malee. – Niedernhausen/Ts. :
FALKEN, 1992
ISBN 3-8068-4722-3
NE: Zingerling, Cornelia; Noi Dok Malee

ISBN 3 8068 4722 3

© 1992 by Falken-Verlag GmbH, 6272 Niedernhausen/Ts.
Die Verwertung der Texte und Bilder, auch auszugsweise, ist ohne Zustimmung des Verlags urheberrechtswidrig und strafbar. Dies gilt auch für Vervielfältigungen, Übersetzungen, Mikroverfilmung und für die Verarbeitung mit elektronischen Systemen.
Titelbild: TLC-Foto-Studio GmbH, Velen-Ramsdorf
Fotos: Photographie Brigitte Harms, Hamburg außer folgenden Fotos: S. 1 „Reisterrassen" Silvestris Fotoservice, Kastl (Otto Stadler); S. 7 „Damnern saduak – floating market" Mögle, Stuttgart/Mainbild (Ben Simmons); S. 8 oben „Warrarot Markt in Chiang Mai, Nord-Thailand" Silvestris Fotoservice, Kastl (Otto Stadler); S. 8 unten „Rote Chilis" Xeniel-Dia, Stuttgart (Wiedmaier); großes Foto S. 9 „Thailändische Tafel" Thailändisches Fremdenverkehrsbüro, Frankfurt a.M.; S. 9 links „Thai-Fruit geschnitzt" Mögle, Stuttgart/Mainbild (G. Deichmann); S. 10 „Seafish restaurant in Chiang Mai" Silvestris Fotoservice, Kastl (Otto Stadler); S. 11 „Dämpfeinsatz" TLC-Foto-Studio GmbH, Velen-Ramsdorf
Foodstyling: Irmtraud Oppermann
Satz: Grunewald Satz & Repro GmbH, Kassel
Druck: Appl, Wemding

817 2635 4453 6271